MAZAL · STERNENWELT

OTTO MAZAL

DIE STERNENWELT DES MITTELALTERS

Akademische Druck- u. Verlagsanstalt
Graz/Austria

Die Bildvorlagen wurden von folgenden Personen und Institutionen zur Verfügung gestellt: Dresden, Staatliche Kunstsammlungen, Kupferstich-Kabinett (Copyright) – Herbert Boswank, Taf. 24. Girona, Cabildo de la Catedral (Copyright), Taf. 1. Graz, Akademische Druck- u. Verlagsanstalt, Taf. 2, 6, 9, 10, 12, 14, 15, 16, 17, 19, 26, 28, 31, 38, 39, 40, 45, 49. Graz, Gerhard Weinberger, Taf. 41. Florenz, Fratelli Alinari, Taf. 5, 25, 44. Hamburg, Kunsthalle (Copyright) – Elke Walford, Taf. 13. Luzern, Faksimile Verlag, Taf. 30, 34. München, Bayerische Staatsbibliothek (Copyright), Taf. 43. Paris, Bibliothèque de l'Arsenal (Copyright), Taf. 50. Peissenberg, Artothek – Joachim Blauel, Taf. 20. Wien, Otto Mazal, Taf. 4, 18, 29. Wien, Österreichische Nationalbibliothek, Bildarchiv (Copyright), Taf. 3, 7, 8, 11, 21, 22, 23, 27, 32, 33, 35, 36, 37, 42, 46, 47, 48.

Die Deutsche Bibliothek – CIP-Einheitsaufnahme

Mazal, Otto:
Die Sternenwelt des Mittelalters / Otto Mazal. – Graz/Austria :
Akad. Dr.- und Verl.-Anst., 1993
ISBN 3-201-01590-3

Satz: LeykamDruck, Graz
Reproduktion und Druck: Print & Art, Graz

ISBN 3-201-01590-3
Printed in Austria

Inhaltsverzeichnis

Der Kosmos des Mittelalters

Der Blick des modernen Betrachters des Himmels schweift in unermeßliche Weiten. Die neueste astronomische und physikalische Forschung hat in fast nicht mehr vorstellbare Räume zu sehen gelehrt; und zudem ist dieses Universum nicht starr und unveränderlich, sondern voll der Dynamik der Bewegung, des Werdens und des Vergehens. Im Lauf der neuzeitlichen Wissenschaftsgeschichte wurde nicht nur der antike und mittelalterliche Glaube erschüttert, daß die Erde im Mittelpunkt der Welt stünde. Selbst die Sonne, die nach der kopernikanischen Revolution als Zentrum der Welt erkannt wurde, ist nach heutigem Wissen nur ein kleines Stäubchen im Weltall. Das Sonnensystem hat sich um drei Planeten und zahllose Asteroiden und Kleinplaneten gegenüber dem alten Weltbild vermehrt, dem die Siebenzahl der die Erde umkreisenden Himmelskörper Ausdruck der Vollkommenheit und Heiligkeit war. Heute wissen wir, daß die Sonne rund 150 Millionen Kilometer von der Erde entfernt ist; bis zum entferntesten Planeten Pluto sind es sechs Milliarden Kilometer; das Licht braucht von dort sechs Stunden bis zu uns. Unsere Sonne ist samt ihren Planeten Teil des Milchstraßensystems, das an die 100 Milliarden leuchtende und ebenso viele nicht leuchtende Sterne enthält. Diese Galaxis, deren Gesamtdurchmesser an die 100.000 Lichtjahre und deren größte Dicke 20.000 Lichtjahre beträgt, dreht sich um ein Zentrum im Verlauf von 225 Millionen Jahren einmal herum. Unsere Sonne liegt nahe der Hauptebene in 32.000 Lichtjahren Entfernung vom Zentrum der Galaxis; sie hat ihrerseits seit ihrer Entstehung das Zentrum der Galaxis erst zwanzigmal umkreist. Doch diese Galaxis ist ihrerseits nur ein kleiner Bruchteil des gesamten Kosmos. Im gesamten Universum, dessen „Durchmesser" auf etwa 30 Milliarden Lichtjahre geschätzt wird, befinden sich etwa 100 Billionen Galaxien. Auf der Deutung der Rotverschiebung der Spektren ferner Galaxien als Dopplereffekt beruht die moderne Kosmologie, die von einem Urknall vor etwa 20 Milliarden Jahren ausgeht, seit dem sich das Universum stetig ausbreitet und ausdehnt. Je weiter wir also in den Raum blicken, desto weiter richtet sich unser Blick in die Vergangenheit, da das Licht, das mit einer Geschwindigkeit von fast 300.000 Kilometern in der Sekunde dahineilt, uns von den fernen Teilen des Universums ja erst nach Millionen oder gar Milliarden Jahren erreicht. Wenn gar die moderne Physik von mehr als drei Dimensionen und einem gekrümmten dreidimensionalen Raum spricht, dann ist die Anschaulichkeit der alten Himmelskunde endgültig verlassen.

Doch weit war der Weg zu den Ergebnissen der modernen Naturwissenschaft. Der mittelalterliche Mensch wußte sich in einem geschlossenen Kosmos geborgen, in dessen Zentrum er sich fühlen durfte; und über dem Sternenhimmel war die Sphäre des Göttlichen beheimatet. Dem gläubigen Menschen bot das Buch Genesis, das erste Buch der Bibel, mit seinem Schöpfungsbericht ein als Offenbarung anzunehmendes

Weltbild. Dazu trat die Rezeption der antiken Astronomie, Kosmologie und Naturphilosophie, die mit der Sprache der Ratio, der Empirie und der Spekulation ein Bild der Welt zeichnen wollten. Aus beiden Quellen bezog der mittelalterliche Mensch sein Wissen. Die mittelalterliche Welt war auch eine festgefügte Welt, in der jedes Ding seinen von der Vorsehung des Schöpfers zugewiesenen Platz einnahm. Solange das Wissen dem Glauben untertan war, ging es auch nicht darum, möglichst viel Wissen über den Kosmos anzusammeln. Wichtig war vielmehr, zu erkennen, welchen Platz all die Bestandteile des Kosmos gemäß dem Plan des Schöpfers innehätten. Manches konnte der Mensch mit Hilfe des Wortes Gottes erfassen; manches wurde im Durchdenken des Glaubens klar; anderes bedurfte der sachlichen Erforschung, wie etwa die Anordnung und Bewegung der Gestirne; und hier konnte man den Gelehrten der Antike folgen.

Die Erde selbst war bald als Scheibe, bald als Kugel aufgefaßt worden. In der Mitte der Oikumene liegt nach altem Glauben als „Nabel der Welt" Jerusalem, der Ort, an dem Adam starb und Jesus litt und auferstand. An allen Rändern des Orbis terrarum fließt der Ozean; er umschließt die drei Kontinente, von denen Asien so groß wie Europa und Afrika zusammen war. Das Paradies meinte man auf einem Berg jenseits des Ozeans zu wissen. Um die Erde selbst kreist zunächst der Mond, zugleich Grenze zwischen dem Bereich der vier Elemente und der göttlichen und unveränderlichen kosmischen Bereiche. Auf die Bahnen von Merkur und Venus folgt die Sonne; jenseits der Sonne kreisen Mars, Jupiter und Saturn, wodurch die heilige Siebenzahl erfüllt war. Als achte Sphäre umschließt diesen Bereich der Fixsternhimmel mit seiner stets gleichen Bewegung um die Mitte der Erde. In den Spekulationen der Gelehrten war auch noch von einem Feuerhimmel und einem Kristallhimmel die Rede; und der Gläubige wußte, daß jenseits der Sphären der allmächtige Gott in Raumlosigkeit wohnt. Auch die Zeit seit der Schöpfung glaubte man bestimmen zu können; nach der Berechnung der biblischen Generationen kam man auf 4000, 5000 oder 5500 Jahre bis zum Beginn der Welt; und man wußte auch, daß mit dem Kommen Jesu Christi das letzte Weltalter begonnen hätte, dessen Ende in der Hand Gottes lag.

Schon diese kurzen einleitenden Bemerkungen wollten die grundlegenden Unterschiede zwischen der Sicht des Kosmos seitens des mittelalterlichen und seitens des modernen Menschen aufzeigen. Bei näherer Betrachtung zeigt sich freilich, daß auch das antike und mittelalterliche Weltbild nicht völlig statisch war, sondern Schwankungen unterworfen war, mochten auch die grundlegenden Unterschiede bestehen bleiben. Allein die Harmonisierung von Glauben und Wissenschaft mußte Probleme aufwerfen; ein Rütteln am Weltbild der Kirche konnte zudem existenzbedrohend sein. Und allzulange waren Wissenschaft und Pseudowissenschaft, Astronomie und Astrologie aneinander gebunden, mochte auch jeglicher Fatalismus dem genuinen christlichen Glauben widersprechen.

Sogar die Ahnung, daß die Erde doch nicht im Mittelpunkt der Welt stehen könnte, blitzte da und dort auf, ohne sich durchsetzen zu können. Das jahrhundertelange Ringen der Gelehrten um die Modelle der Planetenbahnen bewegte zumindest die denkenden Menschen. Dem einfachen Volk erschienen Himmelskörper oft als Zeichen und Boten Gottes oder überirdischer Mächte, sei es im Guten, sei es im Bösen. In den Sternbildern lebten uralte Sagen und Mythen weiter. So bietet der mittelalterliche Kosmos ein vielschichtiges Bild, das dem modernen Denken ganz fremd geworden ist, dessen letzte Spuren sich aber noch bis in die Gegenwart verfolgen lassen.

Während der moderne „aufgeklärte" Mensch von der These des Urknalls fasziniert ist, las der mittelalterliche Mensch ehrfürchtig den Bericht des biblischen Sechstagewerkes. In gewaltigen Bildern rollt der Bericht der Schöpfung des Universums durch den Herrn ab. Dem aufmerksamen Betrachter des biblischen Textes fällt heute freilich auf, daß das Buch Genesis zwei Schöpfungsberichte bringt, jenen des Sechstagewerkes (Gen. 1, 1–2, 4 A) und jenen der Paradieseserzählung (Gen. 2, 4 B–25). Das erste Kapitel berichtet, wie in sechs Tagen die Welt erschaffen wurde; zu Beginn des zweiten Kapitels ist alles vollendet; die Welt steht in Schönheit da. Da wird der Leser unversehens wieder ins Chaos zurückgeführt, um dann zu vernehmen, wie Gott die Erde fruchtbar macht, den Menschen erschafft und ihn in das Paradies versetzt. Die moderne Forschung hat den ersten Schöpfungsbericht einem Erzähler zugeschrieben, der ob seines kultischen Interesses als Autor der „Priesterschrift" bezeichnet wurde. Dieser Erzähler, der wohl um 550 v. Chr. geschrieben haben dürfte, hat nach der Katastrophe der babylonischen Gefangenschaft gearbeitet; er will nun, auf Trümmern stehend, für seine jüdische Gemeinde eine neue Gegenwart aufbauen und greift dabei bis auf die Urgeschichte zurück. Dabei hat er alte Traditionen verwertet und im Schöpfungsbericht sogar an Mythen aus dem alten Mesopotamien angeknüpft, die er nach Bedarf veränderte und seinem Glaubensverständnis anpaßte. Gott schuf am Beginn Himmel und Erde; doch die Erde war wüst und leer; aber der Geist Gottes schwebte über den Wassern. Da schuf Gott das Licht, das er von der Finsternis trennte. Am zweiten Tage machte Gott das Firmament, das die Wasser ober- und unterhalb des Firmamentes trennte. Am dritten Tag trennte der Herr das Meer vom trockenen Land und ließ die Pflanzen aus der Erde sprießen. Der vierte Tag brachte die Schöpfung der Sonne und des Mondes, die über Tag und Nacht herrschen und die Zeit bestimmen sollten. Während des fünften Tages schuf Gott die Tiere der Gewässer und die Vögel; der sechste Tag bekrönte die Schöpfung mit der Hervorbringung der Tiere des Festlandes und zuletzt der Erschaffung des Menschen als Ebenbild Gottes, als Mann und Frau. Nach der Segnung der Menschen und der Unterwerfung der Natur unter die Menschen ruhte der Herr am siebenten Tage. Das Weltbild dieses Schöpfungsberichtes ist jenes des Alten Orients. Im Mittelpunkt steht die scheibenförmige Erde, auf ihren Säulen verankert, innerhalb der später auch die Unterwelt angesiedelt wurde. Die Wasser des Urozeans umfließen die Erde an allen Seiten, auch unten und oben; der Himmel, in Gestalt eines fest ausgespannten Firmaments, trennt die Wasser ober- und unterhalb dieser festen Sphäre. Die Sterne sind nur Lampen am Himmel. In dieses heute längst überholte Weltbild hat der Autor des Schöpfungsberichtes zeitlos gültige Wahrheiten eingekleidet. Das Lied von der Weltschöpfung will nicht Geschichte erzählen, sondern Glauben verkünden und damit über die Gegenwart aussagen. Die erste grundlegende Aussage ist, daß Gott und die Welt einander in klarer Trennung gegenüberstehen; die sichtbare Welt ist das Werk Gottes und auf den der Welt gegenüberstehenden Schöpfer ausgerichtet. Damit unterscheidet sich der biblische Schöpfungsbericht von altorientalischen Schöpfungsmythen, in denen die Götter selbst in den Weltwerdeprozeß verflochten sind. Die Welt wird entmythologisiert; die Gestirne, Sonne und Mond sind ebenfalls keine Götter oder Dämonen mehr, sondern nur mehr Lichtquellen und Leuchten. Die Welt wird ferner als gut angesprochen. Damit ist jedem dualistischen Konzept eine klare Absage erteilt. Mochten es die orientalischen Dämonen sein, mochte später der iranische Dualismus, die Gnosis, der Manichäismus von einer guten Welt, dem Reich des Lichtes, und einer bösen Welt, dem Reich der Finsternis, sprechen: die biblische Aussage kann nur als Weltbejahung, nie als Weltverneinung verstanden werden. Gegenüber diesen Glaubenswahrheiten tritt das kosmologische und wissenschaftliche Element zurück. Freilich klingt im Schöpfungsbericht noch Unheimliches aus grauer Vorzeit nach. Wenn das Urmeer, die Thehom, genannt wird, dachte der alte Leser noch an den Kampf Gottes mit dem Drachen des Urmeeres, der Tiamat, dem Leviathan. Das Urmeer umgibt die Erde auch über dem Himmel; so ist die Erde wie im Rachen der mythischen Schlange hineingestellt in die Wasser des Todes, und nur der Himmel hindert die Wasser von oben, die Erde zu überfluten und zu vernichten. Die erste Tat Gottes ist die Schaffung des Lichtes; es wird nicht gesagt, woher Erde und Urmeer kommen, auch wenn später die Auffassung vertreten wurde, daß Gott die Welt aus dem Nichts geschaffen habe. Das hebräische Wort „bara" heißt nicht „aus dem Nichts erschaffen", sondern eher „gestalten", „trennen", und erst später „erschaffen".

Daß Gott zuerst das Licht erschaffen und erst am vierten Tag Sonne und Mond gemacht hat, bereitete vielfach Schwierigkeiten der Deutung, da man nicht einsehen konnte, wie Licht vor der Lichtquelle existieren sollte. Doch wer beim Sechstagewerk eine zeitlich-ursächliche Ordnung sucht, geht völlig irre. Wenn Gott gegenüber der Finsternis das Licht schafft, will er damit sein Wesen offenbaren; nach einem alttestamentlichen Lied ist ja das Licht der Mantel Gottes. Gottes Zeichen ist das Licht; und so wird das Licht das Prinzip der Welt, das von Anfang an alles durchflutet. Mit dem Licht sind zugleich die Mächte der Dunkelheit vertrieben. Dies wird am Schicksal von Sonne und Mond klar. In der Welt des Mythos war die Sonne ein starker Held, der täglich jubelnd seine Bahn läuft, der unwiderstehlich und siegreich ist. Der unheimliche Mond konnte als Wesen vorgestellt werden, das Menschen und Tiere vor Grauen erstarren läßt und geheimnisvoll mit dem Leben im Auf und Ab verbunden ist. Im Licht der Weltschöpfung sind diese Mythen gestorben; Sonne und Mond werden zu Leuchten, die nach unveränderlichen Gesetzen am Firmament kreisen müssen. Aber auch die Welt der Erde, des Wassers, der Pflanzen und Tiere ist entzaubert; nichts bleibt von Geistern, Dämonen, Gespenstern und überirdischen Mächten, die in der Natur ihr Wesen treiben. Insofern ist die biblische Welt durchaus modern, mag auch das Weltbild ein veraltetes sein. Und selbst in der Schaffung des Lichtes vor den Himmelskörpern blitzt eine Ahnung durch, die die moderne Astrophysik bestätigt hat. Denn die Welt wurde etwa 300.000 Jahre nach dem Urknall durchsichtig! Einige hunderttausend Jahre nach dem Anfang gab es noch keine Wasserstoffatome; Protonen und Elektronen flogen voneinander getrennt durch den Raum; die Welt war für die Strahlung undurchsichtig. Jedes Lichtquant wurde auf seiner Bahn von Elektronen immer wieder aus seiner geraden Fortbewegung gestoßen. Als das Weltall die Temperatur von 3000 Kelvin unterschritt, lagerten sich die Elektronen an die Protonen an und bildeten mit ihnen Wasserstoffatome. Nun konnten die Lichtquanten sich ausbreiten: das Weltall wurde licht, wurde durchsichtig! Erst dann, als sich Materie und Strahlung getrennt hatten, bildeten sich aus der Materie Sterne, Galaxien und Galaxienhaufen!

Der mittelalterliche Mensch bezog seinen Glauben aus der Bibel. Doch auch er verlangte nach Wissen, nach Wissenschaft, nach exakter Kenntnis der Vorgänge im Kosmos. Dieses Wissen lieferten die antike Kosmologie und Astronomie, die auf verschiedenen Wegen und Umwegen in das Abendland gelangten.

Die Auffassung von der Erde als Mittelpunkt des Planetensystems und des gesamten Kosmos war ein Erbgut der griechischen Astronomie. Allerdings kannte bereits die Antike unterschiedliche geozentrische Modelle. Doch war das Hauptanliegen der griechischen Wissenschaft, eine modellmäßige Vorstellung vom Mechanismus der Planetenbewegungen zu gewinnen; diese Bewegungen sollten als Ausfluß allgemeiner Prinzipien erklärt werden. Die grundlegende Voraussetzung war dabei die folgende. Die Planeten Mond, Merkur, Venus, Sonne, Mars, Jupiter und Saturn bewegen sich von Osten nach Westen in größten Kreisen, also scheinbar um den irdischen Beobachter im Mittelpunkt. Diese Bewegung erfolgt mit ungleichförmiger Geschwindigkeit; bei den Planeten kommt noch die Eigentümlichkeit hinzu, daß sie in gewissen Stellungen rückläufig werden, also sich eine Zeitlang in entgegengesetzter Richtung bewegen. Außer ihrer eigenen Bewegung nehmen die Wandelsterne mit allen übrigen Gestirnen an der täglichen Umdrehung der Himmelskugel von Ost nach West teil. Die Griechen gingen dabei von einem philosophischen Postulat aus: den Gestirnen als beseelten göttlichen Wesen sei nur die vollkommenste Art der Bewegung angemessen, also die gleichförmige Bewegung in Kreisen. Da Kugel und Kreis die vollkommensten Gebilde sind, nahmen die Pythagoreer die Kugelgestalt der Erde und des Kosmos an. Doch schon die Pythagoreer mußten sich fragen, ob die beobachteten Himmelserscheinungen mit der Annahme gleichförmiger Kreisbewegungen tatsächlich erklärbar seien. Philolaos von Kroton (Ende des 5. Jh.s v. Chr.) schlug als Lösung die Hypothese vor, daß sich Sonne, Erde und alle Planeten um ein Zentralfeuer in konzentrischen Kreisen bewegen; doch wurde diese Ansicht bald wieder aufgegeben.

Der Philosoph Platon († 347 v. Chr.) schuf in seinem Dialog „Timaios" eine großartige Kosmologie, die auch im Abendland durch Jahrhunderte von Einfluß werden sollte. Nach Platon ist der Kosmos ein sinnreiches und beseeltes Wesen, das von mathematischen Ideen geprägt ist. Gott hat die Welt erschaffen, doch hat die Schöpfung keinen Anfang in der Zeit, da die Zeit als Abbild der Ewigkeit sich erst aus der Bewegung der Gestirne ergibt. Das Weltall ist das Abbild der Weltseele, die sich ständig um sich dreht. Die Erde ist geballt um die Weltachse, an der die Seile der sieben Planeten befestigt sind. Am nächsten zur Erde ist der Mond; dann kommt die Sonne, umgaukelt von Merkur und Venus; zuletzt kreisen die drei oberen Planeten Mars, Jupiter und Saturn um die Erde.

Gegenüber solchen Spekulationen beschränkte sich die Astronomie sehr bald auf die Analyse der Planeten. Eudoxos von Knidos (um 370 v. Chr.) postulierte homozentrische Sphären und wollte die Bewegung jedes Planeten durch das Zusammenwirken mehrerer sich gleichförmig um verschiedene Pole drehender Sphären erklären.

Tafel 1

Das Sechstagewerk der Schöpfung.

Wandteppich aus Gerona. Katalanien, 1. Viertel des 12. Jahrhunderts.
Gerona, Museo de la Catedral.

In eindrucksvoller Weise vermittelt eine Stickerei auf Wolle, die als Wandteppich zu dienen hatte, das Sechstagewerk des biblischen Schöpfungsberichtes und zugleich das kosmologische Weltbild des Mittelalters. Die in Katalanien im ersten Viertel des 12. Jahrhunderts entstandene Arbeit in den Ausmaßen 3,65 m Höhe und 4,7 m Breite stellt den Pantokrator in die Mitte; der Schöpfer ist hier mit dem Logos, dem Wort Gottes, geglichen; so heißt es ja im Prolog des Johannesevangeliums: „Im Anfang war das Wort, und das Wort war bei Gott, und Gott war das Wort. Dieses war im Anfang bei Gott. Alles ist durch es geworden, und ohne es ist nichts geworden, was geworden ist." Die Schöpfungsmittlerschaft des Logos, des gestaltenden Weltprinzipes, ist in der mittelalterlichen Kunst vielfach dadurch versinnbildlicht, daß dem Weltenschöpfer die Gesichtszüge Jesu und nicht des Vaters verliehen werden. Im großen Kreis um den Pantokrator sind die einzelnen Szenen der Weltschöpfung eingesetzt: die Allegorie der Finsternis und des Lichtes, der Geist Gottes in Taubengestalt, der über den Wassern schwebt, die Trennung von Erde und Wasser, die Erschaffung der Himmelskörper, die Hervorbringung der Pflanzen und Tiere, Adam, der den Lebewesen die Namen verleiht, zuletzt die Erschaffung Evas aus der Seite Adams. In den Zwickeln sind die Personifikationen der vier Winde zu sehen. Den Rahmen füllen Darstellungen des Jahres (Annus), der Bilder der Jahreszeiten und der Monate sowie Szenen der Kreuzauffindung durch Kaiserin Helena. Letzteres erinnert an eine alte jüdische Legende, wonach das Kreuzesholz Jesu auf den Paradiesesbaum zurückgeht. Die Bilder der Schöpfung auf dem Wandteppich von Gerona überliefern, ähnlich wie die Mosaiken im Narthex von San Marco zu Venedig, einen spätantiken Zyklus zum Buche Genesis. Als Vorbild hinter den Mosaiken von San Marco steht die sogenannte Cotton-Genesis, eine illuminierte alexandrinische Redaktion des griechischen Buches Genesis aus dem 5. Jahrhundert. Zyklen zum ersten Buch der Bibel sind aus der Spätantike auch aus dem syrisch-antiochenischen Bereich überliefert, wie die „Wiener Genesis" (Wien, Österreichische Nationalbibliothek, Cod. theol. gr. 31) aus dem 6. Jahrhundert darlegt. Der Wandteppich von Gerona ist ein Beleg für die Verbindung kosmologischer und theologischer Aussagen in der christlichen Kunst.

DIXIT QUOQUE DS FIAT LUX ET FACTA E LUX
MARE
VOLATILIA CELI
LUX

ICI CRIE DEX CIEL ET TERRE SOLEIL ET LUNE ET TOZ ELEMENZ

Tafel 2

Gott als Weltenbaumeister.

Bible moralisée. Paris, 2. Viertel des 13. Jahrhunderts.
Wien, Österreichische Nationalbibliothek, Cod. 2554, fol. Iv.

Die Bible moralisée ist eine spezielle Art einer kommentierten und interpretierten Bibelhandschrift, die als Buchtyp im dritten Jahrzehnt des 13. Jahrhunderts entstanden ist. Der Codex 2554 der Österreichischen Nationalbibliothek zählt zu den frühesten erhaltenen Exemplaren. Den Hauptteil der Bible moralisée nehmen Bildseiten mit Medaillons und zugehörigem Text ein, in denen je einer Szene aus der Bibel eine ausdeutende, kommentierende Szene allegorischer oder moralisierender Art gegenübergestellt wird. Das Mittelalter kannte einen vierfachen Schriftsinn. Der historische Sinn ist der wörtlich zu nehmende Sinn des Textes; die Allegorie deutete die Gestalten und Ereignisse der Bibel typologisch, ekklesiologisch und soteriologisch; die Tropologie interpretierte den Bibeltext moralisch, die Anagoge setzte den Text mit der Eschatologie, der Lehre von den letzten Dingen der Welt, in Verbindung. Zu Beginn der Wiener Bible moralisée, die zu Paris im zweiten Viertel des 13. Jahrhunderts geschaffen wurde und aus 129 Seiten mit je acht Bildmedaillons besteht, ist das Vollbild des Schöpfers als Architekt des Universums eingesetzt. Die Darstellung zeigt den Schöpfer – der abermals die Gesichtszüge des Logos Jesu trägt – nicht wie in anderen Handschriften der Gruppe als thronende Majestät, sondern stehend und über die Welt gebeugt, die er mit einem großen Zirkel vermißt. Man wird an die Bibelstelle erinnert, wonach Gott alles nach Maß, Zahl und Gewicht geschaffen hat. Damit war für den mittelalterlichen Menschen auch die Berechenbarkeit des Universums gegeben. Die Schöpfung war nicht mehr der Tummelplatz von Göttern, sondern sie war entmythologisiert und instrumentalisiert worden, daher auch dem Menschen mittels der Vernunft und Wissenschaft einsichtig geworden. Der mittelalterliche Mensch bezog den Glauben aus der Bibel, das Wissen um die Welt – vornehmlich seit dem Hochmittelalter – aus den Schriften der antiken Gelehrten. So wie der Schöpfer die Naturgesetze ins Leben ruft und den Weltenlauf diesen Gesetzen unterwirft, kann der Mensch mit dem Licht seiner Vernunft dem rationalen Bauplan des Kosmos forschend nachgehen.

Tafel 3

Der christliche Kosmos.

Historienbibel des Evert van Soudenbalch. Utrecht, um 1460 (Band 1).
Wien, Österreichische Nationalbibliothek, Cod. 2771, fol. 9v.

Das christliche Weltbild spiegelt sich in der großen Miniatur einer niederländischen Historienbibel in eindrucksvoller Weise wider. Die Miniatur gehört, zusammen mit der Darstellung Gottvaters auf dem Thron, zu einem einleitenden Bildprooimion der Bibelhandschrift, das das naturkundliche Wissen mit der aus dem Glauben geschöpften Weltsicht verbindet. Im Mittelpunkt des Bildes ruht die Erde, für den antiken und mittelalterlichen Menschen ruhendes Zentrum des Kosmos. Sie ist umgeben von den Sphären der Elemente; nach der von Aristoteles gelehrten Reihenfolge sind von unten nach oben die Sphären von Erde, Wasser, Luft und Feuer übereinander gelagert; auch gelten nach Aristoteles und seinen Anhängern die physikalischen Gesetze nur unterhalb der Sphäre des Mondes, während die höheren kosmischen Sphären als göttlich und unveränderlich galten. Die Miniatur zeigt die sieben klassischen Planeten in ihre Sphären gebannt, die teilweise sogar körperlich vorgestellt wurden. Der Mond ist in seinen vier Phasen dargestellt; es folgen die Sphären von Merkur, Venus, Sonne, Mars, Jupiter und Saturn. Astrologische Vorstellungen spielen hinein, wenn zu Venus und Jupiter das Wort „fortuna" (Glück), zu Mars und Saturn „infortunus" (Unglück bedeutend) beigesetzt wird. Über die Planetensphären legt sich der Fixsternhimmel, repräsentiert durch die zwölf Zeichen des Tierkreises. Mittelalterliche Spekulation wußte noch von einem Kristallhimmel und einem Feuerhimmel, über dem der Bereich Gottes liegt. Der Künstler der Historienbibel hat den Übergang zur göttlichen Sphäre dadurch bezeichnet, daß er Gottvater unter einem Baldachin in einem gotischen Kirchenchor thronen läßt. Rings um den irdischen Kosmos schweben in unzähligen Kreisen anbetende Chöre der Engel. Seit Pseudo-Dionysios Areiopagites (um 500) war die Neunzahl der Engelschöre, gegliedert in drei Triaden, kanonisch geworden: Engel, Erzengel, Fürstentümer; Mächte, Kräfte, Herrschaften; Throne, Cherubim und Seraphim. Das Bild veranschaulicht auch die jüdisch-christliche Konzeption des Schöpfers, der der Schöpfung als der „Ganz andere" gegenübersteht, der die Kreaturen aus dem Nichts geholt hat; demgegenüber hatte der Neuplatonismus die geistigen und körperlichen Wesen in einer langen Emanationskette aus Gott erfließen lassen, während Gnosis und Manichäismus der guten Welt Gottes die böse Welt der Finsternis gegenüberstellten.

Eine Historienbibel verbindet biblische Bücher mit profanen Texten, z. B. dem Alexanderbuch, Auszügen aus Flavius Josephus, Berichte über Jerusalem, über den Perserkönig Kyros u. v. a. Die Wiener Historienbibel in mittelniederländischer Sprache ist in Utrecht für den Domherren Evert van Soudenbalch um 1460 geschaffen worden. Das zweibändige Prachtwerk enthält 134 + 110 Miniaturen und zahllose Initialen, ist somit ein Meisterwerk der holländischen spätgotischen Malerei.

Saturnus infortuna ma
Sol
Venus fortuna
Mercurius
Luna

Tafel 4

Ptolemaios mit Armillarsphäre.

Holzplastik im Chorgestühl des Münsters zu Ulm. Jörg Syrlin der Ältere, 1469/71.

Das geozentrische Weltbild, das von der im Zentrum des Kosmos ruhenden Erde ausgeht, um die sich die Planeten und der Fixsternhimmel drehen, setzte sich bereits in der Antike durch und wurde in der Mitte des zweiten Jahrhunderts n. Chr. von Klaudios Ptolemaios, einem der größten antiken Astronomen und Geographen, in der für mehr als ein Jahrtausend geltenden Form beschrieben. Um die Erde dreht sich die Sonne in einem exzentrischen Kreis; der Mond und die Planeten bewegen sich auf einem Epizykel, einem Kreis, dessen Mittelpunkt auf einem weiteren Kreis, dem Deferenten, liegt, welch letzterer sich um die Erde in einer exzentrischen Bahn bewegt. Die Reihenfolge der Planeten ist folgende: Mond, Merkur, Venus, Sonne, Mars, Jupiter und Saturn; die Fixsternsphäre, die in ihrer täglichen Drehung um die Pole sämtliche Himmelskörper mitnimmt, umschließt den Kosmos. Die Werke des Ptolemaios, vor allem der „Almagest“ (verballhornt aus Megale bzw. Megiste Syntaxis = die große Zusammenstellung) lieferten dem byzantinischen, dem islamischen und dem abendländischen Kulturkreis die mathematisch-astronomische Grundlage des Weltbildes.

Wie sehr Ptolemaios im Mittelalter geschätzt wurde, zeigen unzählige Darstellungen in den bildenden Künsten. Ein ausnehmend schönes Beispiel stammt aus dem Chorgestühl des Münsters zu Ulm. Das Chorgestühl wurde von 1469 bis 1474 von Jörg Syrlin dem Älteren angefertigt und mit Plastiken verziert. Diese Plastiken wollen die Entwicklung der Erkenntnis des Heils an einzelnen Persönlichkeiten der vorchristlichen und christlichen Zeit veranschaulichen; dazu gehören auch Vertreter der Antike wie Seneca, Ptolemaios, Terenz, Cicero, Pythagoras, aber auch Propheten, Sibyllen, Apostel und Heilige. Ptolemaios ist mit einem astronomischen Gerät, einer Armillarsphäre, ausgestattet, die seine Funktion als Astronom andeutet. Dieses Gerät besteht aus Ringen aus Metall oder Holz, welche die verschiedenen Kreise der Himmelskugel darstellen. Das vergeistigte Antlitz des Ptolemaios ergreift auch heute noch den Beschauer; hat doch Ptolemaios sich einst gerühmt, zwar sterblich zu sein, doch bei der Betrachtung der Sterne sich der Tischgemeinschaft der himmlischen Götter teilhaftig zu verspüren.

Tafel 5

Der Kosmos als Schemel Gottes.

Hochaltar von San Giorgio Maggiore in Venedig;
Bronzeplastik von Girolamo Campagna, 1591–1593.

Der Schemel ist ein aus der Antike stammendes und zum Thron gehörendes Würdezeichen für Götter, Herrscher, Philosophen und Beamte. Die frühchristliche Kunst hat nach vielen antiken Vorbildern auch den Schemel übernommen. Er findet sich in Darstellungen Christi und Mariens. Der Himmel (caelus) als Schemel Christi kommt in der Sarkophagplastik vor. In der ostkirchlichen Kunst wird der Schemel zum wichtigen Bildelement der repräsentativen Bilder von Christus, den Patriarchen, Heiligen und weltlichen Würdenträgern. Die Erde wird zum eigenen Schemelsymbol für Christus. Auch in der abendländischen Kunst findet sich die Herrschaftssymbolik des Schemels verbreitet. Die Erde, der Globus, wird auch im Westen im frühen Mittelalter als Schemel und Fußstütze Gottes aufgefaßt. Die mittelalterliche Tradition wirkte noch in die Renaissance, den Manierismus und den Barock nach. Ein prächtiges Beispiel für diese Konzeption ist der Hochaltar von San Giorgio Maggiore in Venedig. Für die von Palladio erneuerte Kirche schuf Girolamo Campagna (um 1550 – um 1626), ein berühmter Bildhauer der Spätrenaissance und des Manierismus, zwischen 1591 und 1593 einen Altar. Auf der Mensa stehend halten die vier Evangelisten die Kosmoskugel empor, auf der Gottvater stehend den Segen erteilt. Mit ihm verkörpern die Geisttaube und der gekreuzigte Christus die Trinität. Die kühne Altargruppe, deren Schwung an Tintoretto gemahnt, steht in ihrer Zeit einmalig da. Sie ist eine späte Ausformung des mittelalterlichen Gedankens, daß der ganze Kosmos Gott verherrlicht und ihm dienend unterworfen ist und mit seiner gesamten Herrlichkeit letztlich nur als Fußstütze dienen kann. Gottes Herrschaft ist dadurch symbolisch ins Unermeßliche gesteigert.

Tafel 6

Die Harmonie des Kosmos.

Miniatur in einer Prachthandschrift der „Nikomachischen Ethik" des Aristoteles.
Süditalien, um 1500.
Wien, Österreichische Nationalbibliothek, Cod. phil. gr. 4, fol. 62 v.

Andrea Matteo III. Acquaviva, Herzog von Atri (1458–1529), war einer der großen Bibliophilen unter den süditalienischen Adeligen der Renaissance. Aus seiner stattlichen Bibliothek sind noch sechzehn Codices nachweisbar, darunter eine vom Buchmaler Reginaldus Piramus und dessen Gehilfen illuminierte Prachthandschrift der „Nikomachischen Ethik" des Aristoteles, die zu den Hauptwerken der italienischen Malerei um 1500 zählt. Das humanistische Bildungsideal des Herzogs fand seinen Niederschlag in einem reichen allegorischen und historischen Bildprogramm der Handschrift. Auf Blatt 62v des Codex ist die Zierseite zum achten Buch der Ethik gemalt; die Bilder der neun Musen umgeben eine Miniatur mit der Allegorie der Freundschaft, der der Text des achten Buches gewidmet ist. Eine nackte, blonde Frau schreitet über einen Hund durch eine mit Blattpflanzen bewachsene Gegend. In ihren Händen hält sie, von einem Schleier umfangen, eine Scheibe, die aus vier konzentrischen Kreisen in verschiedenen Farben besteht. Diese Scheibe darf als Symbol des aus den vier Elementen zusammengesetzten sublunaren Kosmos aufgefaßt werden. Ein grüner Kreisring um einen schwarzen Kern bedeutet die Erde, ein silberner Kreis das Wasser, ein blauer die Luft, ein orangeroter das Feuer. Die vier Elemente werden durch die Anziehungskraft der Freundschaft zusammengehalten; es ist dies ein Gedanke, der vom griechischen Philosophen Empedokles formuliert und von Aristoteles aufgegriffen wurde. Empedokles (um 483/2 – um 423 v. Chr.), der letzte unter den großen Naturphilosophen des 5. Jahrhunderts, hatte die Welterscheinungen durch die Wechselwirkungen von Verbindung und Trennung der Elemente erklärt. Die Verbindung wird durch die Kraft der Liebe, die Trennung durch die Kraft des Streites bewirkt. Die kugelgestaltige Welt, mit den in ihr wirkenden Kräften, ist die Summe des Seienden; sie ist zugleich göttlich. In der vierfarbigen Scheibe des Bildes der Handschrift dürfen wir den durch die Kraft der Freundschaft zusammengehaltenen Kosmos erblicken. Empedokles personifizierte Freundschaft und Liebe zuweilen durch die griechische Liebesgottheit Aphrodite. Wir können daher die nackte Frauengestalt des Bildes als Aphrodite ansprechen. Aus der alten Gottheit, die sogar Züge orientalischer Fruchtbarkeitsgöttinnen angenommen hatte, ist im Laufe der Entwicklung ein kosmisches Prinzip geworden. Auch der Hund ist ein altes Symbol für Treue und Freundschaft. Es ist bemerkenswert, daß kosmologische Ideen der angedeuteten Art noch bei Pierre Teilhard de Chardin nachwirkten, der postulierte, daß es dieselben Kräfte seien, die die Moleküle aneinander binden und die Menschen in Liebe zueinander drängen.

κατὰ τὸν ποιητήν, διὰ πονηρίαν τινά· ὥσπερ γὰρ ἄνθρωπος εὐμε-
τάβολος ὁ πονηρός, καὶ ἡ φύσις ἡ δεομένη μεταβολῆς· οὐ γὰρ ἁπλῆ
οὐδὲ ἐπιεικής. περὶ μὲν οὖν ἐγκρατείας καὶ ἀκρασίας, καὶ περὶ ἡ-
δονῆς καὶ λύπης εἴρηται, καὶ τί ἕκαστον, καὶ πῶς τὰ μὲν ἀγαθὰ
αὐτῶν ἐστὶ, τὰ δὲ κακά· λοιπὸν δὲ καὶ περὶ φιλίας ἐροῦμεν:—

ετὰ δὲ ταῦτα περὶ φιλίας ἕποιτ' ἂν διελθεῖν· ἔστι γὰρ ἀρετή τις·
ἢ μετὰ ἀρετῆς· ἔτι δὲ ἀναγκαιότατον εἰς τὸν βίον· ἄνευ γὰρ φίλων
οὐδεὶς ἂν ἕλοιτο ζῆν ἔχων τὰ λοιπὰ ἀγαθὰ πάντα· καὶ γὰρ
πλουτοῦσι καὶ ἀρχὰς καὶ δυναστείας κεκτημένοις δοκεῖ φίλων μά-
λιστα εἶναι χρεία· τί γὰρ ὄφελος τῆς τοιαύτης εὐετηρίας, ἀφαι-
ρεθείσης εὐεργεσίας· ἣ γίνεται μάλιστα καὶ ἐπαινετωτάτη πρὸς φίλους·

Annus e mens nu dat luaº fiez 1461

			☉		☾		♄		♃		♂		♀		☿		☊	
			♒		♑		♈		♉		♐		♈		♓			
			g	m	g	m	g	m	g	m	g	m	g	m	g	m	g	m
bri	d	1	21	47	7	30	1	7	18	16	17	46	8	2	9	9	21	42
pur	e	2	22	48	21	15	1	13	18	21	18	27	8	54	10	34	21	39
bla	f	3	23	49	5	18	1	20	18	26	19	8	9	45	12	0	21	35
fus	g	4	24	49	19	30	1	26	18	32	19	49	10	36	13	16	21	32
ag	A	5	25	50	3	47	1	33	18	38	20	31	11	26	14	33	21	29
dor	b	6	26	50	18	35	1	40	18	44	21	32	12	15	15	50	21	26
fc	c	7	27	51	3	32	1	47	18	51	21	52	13	3	16	57	21	23
bru	d	8	28	51	18	34	1	54	18	58	22	34	13	51	18	4	21	19
ap	e	9	29	51	3	28	2	1	19	5	23	15	14	39	19	8	21	16
sto	f	10	0	51	17	56	2	8	19	12	23	56	15	26	20	0	21	13
las	g	11	1	52	1	55	2	15	19	19	24	37	16	12	20	51	21	10
ti	A	12	2	52	15	12	2	22	19	26	25	38	16	58	21	41	21	7
ra	b	13	3	52	28	23	2	29	19	33	26	0	17	41	22	18	21	3
va	c	14	4	52	11	12	2	36	19	40	26	41	18	23	22	56	21	0
lent	d	15	5	52	23	44	2	43	19	48	27	22	19	1	23	33	20	57
iu	e	16	6	53	5	58	2	50	19	56	28	4	19	30	23	52	20	54
li	f	17	7	53	18	4	2	57	20	4	28	45	20	17	24	12	20	51
ron	g	18	8	53	0	5	3	4	20	12	29	26	20	55	24	22	20	48
mu	A	19	9	53	12	2	3	12	20	20	0	7	21	34	24	26	20	45
ge	b	20	10	53	23	58	3	19	20	29	0	48	22	6	24	14	20	41
tunc	c	21	11	53	5	50	3	26	20	37	1	30	22	40	24	0	20	38
pc	d	22	12	53	17	26	3	33	20	46	2	11	23	12	23	38	20	35
tru	e	23	13	52	29	5	3	40	20	55	2	52	23	42	23	15	20	32
ma	f	24	14	52	10	49	3	47	21	4	3	33	24	12	23	36	20	29
thi	g	25	15	52	23	0	3	55	21	13	4	15	24	41	22	27	20	25
am	A	26	16	51	5	51	4	2	21	22	4	56	25	10	22	4	20	22
m	b	27	17	51	18	56	4	9	21	31	5	38	25	30	21	44	20	19
dc	c	28	18	50	2	6	4	17	21	40	6	19	25	50	21	12	20	16

Marginal notes: day 9: ♃☿✱; day 22: per in…; day 24: ♄♂□; day 26: ♃☿✱; day 28: ☉☿☌

Red notes above the planet columns: mı̃ lcs apre… 1 49 · 1 6 · 6 2 … R lcs apre…; at day 20 over Mercury: retro

Conius / oppositio — luarum diebus adueniens cum … { 4 · 9 · 11 / 18 · 18 · 28 } astrus … 17 20 ♎ · 11 0 ♓

a dies loᵐᵉ

Tafel 7

Mathematische Astronomie.

Johannes Regiomontanus: Ephemerides 1448–1463.
Wien, Österreichische Nationalbibliothek, Cod. 4988, fol. 207v.

Johannes Müller von Königsberg, genannt Regiomontanus (1436 bis 1476), studierte in Leipzig und Wien, wo er zum Freund und Mitarbeiter des großen Astronomen Georg von Peurbach wurde. Nach dessen Tod vollendete er die gemeinsam begonnene Übersetzung des Almagest des Ptolemaios. In Italien verbrachte Regiomontanus reiche Jahre der Forschung und Lehre. Von Georg von Trapezunt lernte er Griechisch und widmete sich als Philologe, Mathematiker und Astronom der Erschließung klassischer Quellen der Astronomie und der Naturwissenschaften. Er kam durch den Ausbau der Algebra und Trigonometrie auch mit arabischen Quellen in Berührung. Im Jahre 1467 wurde er Hofastronom von König Matthias Corvinus von Ungarn. 1471 kehrte er in seine fränkische Heimat zurück. Nun entfaltete er eine vielseitige Tätigkeit als Astronom, Chronologe, Buchdrucker, Physiker und Mathematiker. Seine Ephemeriden bilden ein vollständiges astronomisches Jahrbuch mit den Stellungen aller Planeten von Tag zu Tag. Diese Tabellen, die in vielen Abschriften und Drucken verbreitet wurden, begleiteten bereits die Entdecker auf ihren Fahrten auf den Weltmeeren. Der Codex 4988 der Österreichischen Nationalbibliothek in Wien ist das Autograph des Regiomontanus für seine Ephemeriden der Jahre 1448 bis 1463. Auf einer Reise, zu der ihn Papst Sixtus IV. der Kalenderreform wegen eingeladen hatte, starb Regiomontanus allzu früh in Rom.

Tafel 8

Sonnen- und Mondfinsternis.

Al-Qazwīnī: ʿAǧa ʾib al-maḫluqāt (arabisch).
Wien, Österreichische Nationalbibliothek, Cod. mixt. 331, fol. 3v.

Die arabische Astronomie baute auf den Ergebnissen der griechischen Himmelskunde auf und bereicherte sie durch eigene Beobachtungen und Forschungen. Die Araber übten wohl auch Kritik an manchen Konzeptionen der Antike und vervollkommneten die mathematische Astronomie. Das griechisch-arabische Wissen wurde dem Abendland im Hochmittelalter durch zahlreiche Übersetzungen vermittelt. Auch in enzyklopädischen Werken des Islam waren die grundlegenden astronomischen Kenntnisse verarbeitet. Ein klassisches Beispiel ist das Werk des Kosmographen Zakarīyā ibn Muḥammad ibn Maḥmud al-Qazwīnī, der, in Qazwin geboren, in Damaskus wirkte, dann Qadi im Irak war und dort 1283 verstarb. Seine Studien und Reisen vermittelten ihm ein überaus reiches enzyklopädisches Wissen. Das Werk ʿAǧa ʾib al-maḫluqāt (Die Wunder der Schöpfung) war ein vielgelesenes Buch bis ins Spätmittelalter hinein geworden. Im ersten Teil beschreibt der Autor die astronomischen Phänomene, die Himmelskörper, die Planeten, Mond- und Sonnenfinsternisse und die Geschehnisse in der Atmosphäre. Den Inhalt des zweiten Teiles bilden Informationen über die irdische Welt, die Elemente, die drei Reiche der Naturgeschichte und die Menschen in verschiedenen Regionen der Erde.

عند الاستقبال وقع كله فى جرم المخروط فيخسف كله ويكون له مكث وان كان له عرض فينخسف بعضه
وربما يماس جرم القمر مخروط الظل فلا يقع فيه شئ وذلك اذا كان عرض القمر مساويا لنصف مجموع
القطرين اعنى قطر القمر وقطر الظل واذا كان اقل من نصف القطرين ينخسف بعضه وهذه صورته والله اعلم

فصل فى خواص القمر وتاثيراته

زعموا ان تاثيراته كلها بواسطة الرطوبة كما ان تاثيرات الشمس بواسطة الحرارة ويدل عليها اعتبار اهل
التجارب منها امر البحار فان القمر اذا صار فى افق السماء من افاق البحر اخذ ماؤها فى المد مقبلا مع القمر
ولا يزال كذلك حتى يصير القمر فى وسط السماء لذلك الموضع فاذا صار هناك انتهى المد فاذا انحط
القمر من وسط سماء ذلك الموضع جزر ذلك الماء ولا يزال كذلك الى ان يرجع القمر الى مغربه فعند ذلك
ينتهى الجزر منتهاه فاذا زال القمر عن مغرب ذلك الموضع ابتدا المد مرة ثانية الا انه اضعف من الاول
ثم لا يزال كذلك الى ان يصير القمر فى وتد الارض فينئذ ينتهى المد منتهاه فى المرة الثانية فى ذلك
الموضع ثم يبتدى بالجزر والرجوع ولا يزال كذلك حتى يبلغ القمر افق مشرق ذلك الموضع فيعود
المد الى مثل ما كان عليه اولا فيكون فى كل يوم وليلة مقدار مسير القمر فيهما فى ذلك البحر مدان و
جزران فمن كان فى لجة البحر وقت ابتداء المد نظر للماء حركة من سفله الى اعلاه وهى انتفاخ وتهيج فيها
رياح عواصف وامواج واذا كان وقت الجزر ينقص جميع ذلك ومن كان فى الشطوط والسواحل فانه يرى
للماء [illegible] كذلك الى ان يجزر فيرجع الماء الى البحر وابتداء قوة المد فى البحار
[illegible] فى كل موضع عميق واسع كثير الماء ويكون الغالب على ارضه الصلابة او كثرة الرمال ويكون
القمر على افقه او يقرب من مسامته ليتولد الابخرة الكثيرة فى عمق ذلك البحر ويحتقن فيه وتغلظ ثم

26

Tafel 9

Der Fall der Sterne zur Endzeit.

Trierer Apokalypse aus dem 9. Jahrhundert.
Trier, Stadtbibliothek, Cod. 31, fol. 26r.

In mehreren dramatischen Visionen werden in der Apokalypse des Johannes kosmische Katastrophen geschildert, die die Endzeit einleiten. Schon in der jüdischen Apokalyptik nahm die Darstellung der bösen letzten Zeit mit politischen und kosmischen Katastrophen breiten Raum ein. Auch Jesus war teilweise ein Apokalyptiker gewesen. Die synoptischen Evangelisten legen ihm denn auch Apokalypsenschilderungen in den Mund. Die Johannesapokalypse schöpft aus eschatologisch bewegten judenchristlichen Kreisen Kleinasiens; der Dualismus des Autors Johannes hat kosmische Dimensionen, wenn er Geschichtskatastrophen als Naturkatastrophen schildert. Die Gestirne nehmen in seinem Buch eine erhebliche Stellung ein. Die Sonne verfinstert sich, der Mond wird zu Blut; Sterne fallen vom Himmel; ein brennender Stern macht die Wasser der Erde bitter; ein stürzender Stern eröffnet den Abgrund; das Apokalyptische Weib ist mit der Sonne bekleidet, hat den Mond unter seinen Füßen und einen Kranz von zwölf Sternen auf dem Haupt. Nach dem Weltgericht wird das neue Jerusalem keine Himmelsleuchten mehr benötigen, da Gottes Herrlichkeit in der seligen Stadt strahlen wird.

Ein bedeutsames Werk der karolingischen Buchmalerei des 9. Jahrhunderts ist die sogenannte Trierer Apokalypse. Sie illustriert den lateinischen Text der Johannesapokalypse mit einfachen, aber nicht weniger ergreifenden kolorierten Federzeichnungen. Die Szene auf Blatt 26r berichtet vom brennenden Stern „Wermut", der beim Klang der dritten Posaune auf die Erde fällt und den dritten Teil der Wasser bitter macht, worauf viele Menschen sterben.

Tafel 10

Das jüngste Gericht.

Giotto: Wandgemälde in der Cappella degli Scrovegni zu Padua, 1305–1307.

Die dramatischen Geschehnisse der Apokalypse gipfeln im Weltgericht. Nach der endgültigen Unterwerfung der satanischen Mächte in der zweiten eschatologischen Schlacht sieht der Visionär Johannes den Herrn auf dem Throne; vor ihm fliehen die Erde und der Himmel, sodaß für diese keine Stätte mehr gefunden wird. Alle Toten werden vor dem Thron versammelt, Bücher werden aufgeschlagen, und die Toten werden nach ihren Werken gerichtet. Wer nicht im Buche des Lebens aufgezeichnet ist, wird in den Feuerpfuhl geworfen; die Gerechten steigen zur ewigen Herrlichkeit im neuen Jerusalem empor.

Die Szene des Weltgerichtes ist in der christlichen Kunst stets aufs neue gestaltet worden. Die eigentliche Ausformung des vielteiligen Weltgerichtsbildes geschah im Westen im 8./9. Jahrhundert, doch verkörpert nahezu jedes Bild eine neue Schöpfung. Um 800 begegnet in Müstair in der Schweiz das erste vollständige Gerichtsbild, das wie fast alle späteren westlichen Bilder in Registern angeordnet ist. Noch das Gerichtsbild Giottos in der Cappella degli Scrovegni knüpft an diese alte karolingische Kompositionsform an, in der die Register von oben nach unten die Ankunft des Herrn, das Einrollen des Sternenhimmels, die Auferstehung der Toten, Christus in der Mandorla und die Scheidung der Seligen von den Verdammten abbilden. Der thronende Richter mit dem Kreuz wird typisch für die romanischen Tympanonbilder und die gotischen Gerichtsbilder; das Kreuz steht auch im Bilde Giottos zentral da, von zwei Engeln flankiert. Giotto verarbeitete auch einen italienischen Bildtypus, in dem die Apostel als Beisitzer des Gerichts aufscheinen, und die Engel die Verdammten von den Seligen trennen; neu ist dagegen der Höllensturz.

Die Arenakapelle in Padua wurde an der Stelle des alten Amphitheaters im Auftrag von Enrico degli Scrovegni in den Jahren 1303 bis 1305 errichtet; um 1305 war schon ein großer Teil der Fresken fertig. Giotto hat in diesen Malereien einen Höhepunkt seiner Kunst erreicht. Farbe, Licht, Helldunkel verschmelzen in neuer Einheit, die Harmonie der Komposition wird von einer Harmonie der Farbtöne begleitet. In Giottos Kunst vereinen sich der lebhafte Erzählungsstil der romanischen Kunst mit der zeremoniellen Feierlichkeit der byzantinischen Kunst. Giotto bewältigt, wie das Weltgerichtsbild zeigt, auch große Massen: man vergleiche den dramatischen Höllensturz, die dichtgedrängte Schar der Seligen, die feierlich sitzenden Apostel, die militärisch disziplinierten Chöre der Engel. In der Lichthülle der Mandorla spricht der in plastisches Gewand gehüllte Herr das Urteil.

Von den 27 für notwendig befundenen Sphären war die äußerste die sich in einem Tag drehende Sphäre des Fixsternhimmels. Herakleides von Pontos faßte um 345 v. Chr. die Idee, daß sich Erde und Sonne um ein gemeinsames Zentrum drehten; auch die übrigen Planeten kreisten um dasselbe Zentrum, nämlich Venus und Merkur innerhalb der Erdbahn, die anderen Wandelsterne außerhalb derselben. Die tägliche Bewegung des Fixsternhimmels sah Herakleides als Konsequenz einer Achsendrehung der Erde an. Von hier war der Schritt nicht weit zur Annahme eines heliozentrischen Systems. Aristarchos von Samos (um 320–250 v. Chr.) lehrte, daß die Sonne, um die Erde und Planeten kreisten, im Mittelpunkt des Weltalls stünde. Doch das System des Aristarchos konnte sich in der Antike nicht durchsetzen. Vor allem die Autorität des Aristoteles und des Ptolemaios zementierten das geozentrische System bis an den Beginn der Neuzeit!

Aristoteles († 322 v. Chr.) war überzeugt, daß sich der Himmel um die Erde drehe. Die Fixsterne vollführen in gleichmäßigen Abständen zueinander und in strenger Regelmäßigkeit stets dieselbe Kreisbewegung. Die Planeten Saturn, Jupiter, Mars, Venus, Merkur, Sonne und Mond kreisen in unregelmäßigen Kreisbahnen um eben diese Erde. Zu jeder Kreisbahn, die ein Himmelskörper durchläuft, gehört nach Aristoteles eine eigene rotierende Sphäre, in die die Himmelskörper eingebunden sind. Aristoteles nahm die Existenz von 55 solcher Sphären an, um die Bewegung der sieben Planeten zu erklären. Aristoteles formulierte auch einige zentrale Grundsätze seiner Naturphilosophie, um die Mathematik des Universums deuten zu können. Zunächst unterschied er zwischen natürlichen und gegennatürlichen Ortsbewegungen. Die anorganischen Naturkörper besitzen einen ihnen innewohnenden Drang, zu einem bestimmten Ort zu gelangen, um dort zur Ruhe zu kommen. So strebt das Feuer nach oben, an den Rand des Himmels; alles Schwere strebt hingegen nach unten. Die natürliche Schichtung der Elemente von unten nach oben ist daher Erde, Wasser, Luft und Feuer. Richtungsänderungen oder Ruhe am „falschen Ort" sind auf gegennatürliche Bewegungen zurückzuführen. Eine natürliche Bewegung neben der geradlinigen ist die Rotation, die Drehbewegung der Himmelskörper; ihr ist als fünftes Element der Äther zugeordnet. Für Aristoteles gab es nur ein einziges „Unten", den Erdmittelpunkt, und nur ein einziges „Oben", den Ort des Feuers, und darüber den Ort der Himmelssphären. Daher mußte das Weltall kugelförmig sein, insofern sich über der Erde die Schalen bzw. Sphären von Wasser, Luft und Feuer und darüber die Sphären der kreisenden Himmelskörper befinden. Das Weltall mußte endlich sein, da bei einem unendlichen Weltall keine Kreisbewegung der Fixsterne mehr beobachtet werden könnte. Eine grundlegende Theorie des Aristoteles war auch die physikalische Verschiedenheit der Bereiche unterhalb und oberhalb des Mondes. Die vier Elemente kommen nur in der sublunaren Sphäre vor, die sich von der Erde bis zur Umlaufbahn des Mondes erstreckt. Die Himmelskörper hingegen sind unvergänglich, vielleicht sogar beseelt; in ihrer Sphäre gelten die physikalischen Gesetze der Erde nicht mehr. Aristoteles nahm an, daß der Fixsternhimmel durch einen göttlichen Beweger, der selbst unbewegt ist, in Bewegung gesetzt werde. Hier öffnete sich der Weg zur kosmologischen Begründung des Monotheismus. Hier konnte auch das mittelalterliche Christentum anknüpfen. Wenn sich das Firmament am schnellsten um die Erde dreht, nämlich einmal in 24 Stunden, während die Planeten verschieden lange Umlaufzeiten aufweisen, mußte der Schluß naheliegen, das Kraftzentrum für die Bewegung des Firmaments und der Planeten außerhalb des Firmaments zu postulieren. Der „erste Beweger" wurde entweder als unsichtbare neunte oder zehnte Sphäre oder als Gott angesehen. Gott teilt der Welt aus Liebe die kosmische Bewegung mit, indem er die äußerste physische Sphäre in Bewegung setzt; durch die Reibung der Sphären überträgt sich diese Bewegung auf die Planetensphären.

Es war nicht zu verkennen, daß im aristotelischen System Unstimmigkeiten herrschten und daß auch Theorie und Praxis nicht übereinstimmten. So mußte es schon im Alterum, wie später auch im Mittelalter, zu Modifikationen und neuen Synthesen kommen. Verhängnisvoll war für Jahrhunderte die Ansicht geworden, daß Ergebnisse physikalischer Untersuchungen innerhalb des Bereiches unter dem Mond nicht auf Vorgänge im Himmel übertragen werden könnten. Der himmlische Teil des Universums mußte erst entsakralisiert werden, ehe man an allgemeine Naturgesetze für den gesamten Kosmos denken konnte. Aristoteles war mehr Problemdenker als Systemdenker gewesen. Die Schüler und Kommentatoren des Philosophen haben versucht, dessen Einzelstudien zu einem System zu vereinen; dabei konnten seine Ideen dogmatischen Charakter annehmen. So konnte zuletzt im Abendland das aristotelische System, zunächst freudig aufgenommen, rezipiert, diskutiert und dogmatisiert, zum Inbegriff konservativer Einstellung werden, deren Überwindung erst den Weg in die Moderne eröffnete.

Die Ausführungen Platons und des Aristoteles waren nicht geeignet, eine plausible Planetentheorie zu formulieren. Dazu mußte die mathematische Grundlage verbessert werden. Mathematiker wie Apollonios von Perge (um 200 v. Chr.) zeigten auf, daß die Unregelmäßigkeiten im Lauf der Planeten durch exzentrische oder epizyklische Bahnen erklärt werden könnten. Bei einer exzentrischen Bahn liegt die Erde als Mittelpunkt der Welt außerhalb der Mitte der Kreisbahn des Planeten. Bei einer epizyklischen Bewegung befindet sich der Planet auf einer Kreisbewegung, deren Mittelpunkt seinerseits auf einem großen Kreis um die Erde läuft.

Einen Höhepunkt der Astronomie führte Hipparchos von Nikaia (162–125 v. Chr.) herauf. Er hat für das ptolemäische System wesentliche Vorarbeit geleistet. Er berechnete Größe und Entfernung von Sonne und Mond, bestimmte die Jahreslänge fast auf die Minute genau, legte einen Katalog von ca. 850 Fixsternen an und entdeckte die Präzession des Frühlingspunktes, also das Vorwärtsschreiten der Sterne bezüglich der Jahrespunkte.

Die griechische Astronomie fand einen krönenden Abschluß im Werk des Klaudios Ptolemaios (ca. 100–175 n. Chr.), dessen Arbeiten das Weltbild für mehr als ein Jahrtausend bestimmen sollten. Die wichtigsten Werke des großen Astronomen und Geographen wurden im 9. Jahrhundert ins Arabische übersetzt; im Rahmen des Rezeptionsprozesses der arabischen Wissenschaft ab dem 12. Jahrhundert wurde das ptolemäische System auch im Abendland bekannt und ausgebaut. Nach Ptolemaios erheben sich über der im Zentrum der Welt ruhenden Erde, die selbst Kugelgestalt hat, übereinander acht Sphären aus Äther. Die erste Sphäre über der Erde gehört dem Mond, die zweite dem Merkur, die dritte der Venus, die vierte der Sonne, die fünfte dem Mars, die sechste dem Jupiter, die siebente dem Saturn; auf der achten Sphäre sind die Fixsterne befestigt. Die Sphären von eins bis sieben sind von unterschiedlicher Dicke, so daß jeder Planet auf seinem Epizykel kreisen kann, ohne in die benachbarte Sphäre einzudringen; andererseits folgen die Sphären einander lückenlos. Der Mond berührt unter sich die Sphäre des Feuers als die oberste der vier sublunaren irdischen Sphären. Alle Sphären drehen sich, die achte von Ost nach West, die sieben Planetensphären von West nach Ost. Innerhalb der Planetensphären rotieren die Epizykelkreise, auf denen die Planeten sitzen und sich um den großen Kreis, den Deferenten, bewegen, also in einer doppelten Kreisbewegung um die Erde begriffen sind. Die Fixsterne befinden sich alle auf der achten Sphäre, haben also zur Erde den gleichen Abstand und können ihren Ort nie verlassen. Das Hauptwerk des Ptolemaios, die „Megale Syntaxis", später verballhornt Almagest genannt, wurde für eineinhalb Jahrtausende das Handbuch der Astronomie im islamischen und abendländischen Kulturkreis. Ptolemaios lehnte auch die Erdumdrehung ab. Seine komplizierten kinetischen Modelle mit Hilfe exzentrischer und epizyklischer Bewegung sollten die Umläufe der Planeten mathematisch vorstellbar machen. Ptolemaios legte auch einen Katalog von 1025 Sternen, aufgeteilt auf 48 Sternbilder, an, die er nach Position und Größe klassifizierte. Die antiken Sternbilder waren spätestens im 4. Jahrhundert v. Chr. geprägt gewesen. Im Lehrgedicht „Phainomena" des Aratos von Soloi (3. Jh. v. Chr.) fanden sie ihre maßgebende Beschreibung, die für die Ikonographie der Sternbilder im Mittelalter von größtem Einfluß werden sollte.

Die Astronomie erfuhr durch die Römer keine selbständige Förderung mehr. Quellenmaterial zur Geschichte der Astronomie findet sich in den Schriften von Cicero, Plinius dem Älteren, Macrobius und Martianus Capella. Die Übersetzung des platonischen „Timaios" durch Chalcidius um 400 n. Chr. machte die platonische Kosmologie im Westen bekannt. Im 1. Jahrhundert n. Chr. schrieb Manilius sein Lehrgedicht „Astronomica"; begeistert verkündet er die stoische Lehre von der Ordnung im Weltall, aber auch von der Abhängigkeit der Schicksale der Menschen von den Sternen. Das dem Hyginus zugeschriebene astronomische Werk ist vor allem für die Sternsagen von Bedeutung geworden.

Das Wissen der Antike wurde dem Mittelalter in einem geordneten Kanon von Fachdisziplinen übermittelt; die „Sieben Freien Künste" umfaßten das Trivium von Grammatik, Rhetorik und Dialektik und das Quadrivium von Arithmetik, Geometrie, Astronomie und Musik. Freilich war der Standard des Wissens nach dem Zusammenbruch des Weströmischen Reiches relativ gering; es gab auch negative Stimmen gegen eine Naturwissenschaft, die um ihrer selbst willen betrieben wurde. Ablehnende Stimmen christlicher Schriftsteller und Unwissen barbarischer Völker wirkten zusammen, das Rad der Geschichte der Wissenschaft um ein Jahrtausend zurückzudrehen. Es gab sogar Rückschritte, wenn wieder an der Kugelgestalt der Erde gezweifelt wurde, wenn man an eine kreisförmige Erde dachte und sich über die Ansicht der Existenz von Antipoden lustig machte. Ja, es gab Stimmen, daß fachliches Wissen für den Gläubigen unnütz sei.

Die astronomischen Handbücher des frühen Mittelalters waren stark von kirchlicher Praxis geprägt; Komputistik, Festberechnung, Beobachtungen des Mondlaufes,

Lehren über Sternbilder und Tierkreiszeichen bildeten den Inhalt. Das geozentrische Weltbild der Bibel und des Ptolemaios herrschte unangefochten. In großen Enzyklopädien, wie etwa den „Etymologiae" des Isidor von Sevilla († 636), wurde das antike Wissen in knapper Form weitergegeben. Wie sehr Astronomie der Kirche zu dienen hatte, zeigte etwa das Büchlein „Vom Lauf der Sterne" des Gregor von Tours († 594); sein Zweck lag darin, den Geistlichen die Bestimmung der Zeiten des Gottesdienstes in der Nacht mit Hilfe der Beobachtung der Gestirne zu ermöglichen. Beda Venerabilis († 735) skizzierte den Bau der Welt in einer Synthese biblischer und antiker Wissenschaft; er läßt die Erde umgeben sein von sieben Himmeln: Luft, Äther, Olymp, Feuerraum, Firmament mit den Himmelskörpern, Himmel der Engel und Himmel der Dreifaltigkeit. Die Wasser des Firmaments, von denen das Buch Genesis spricht, scheiden die körperliche von der geistigen Welt. Beda war auch überzeugt, daß sich das Firmament mit den Fixsternen um die Erde drehe, und innerhalb des Firmaments die Planeten in einem Epizykelsystem kreisen.

Die Notwendigkeit der Berechnung des Osterfestes machte für den Geistlichen ein Minimum an astronomischer Kenntnis notwendig. Die Zeit Karls des Großen († 814) brachte zwar einen neuen kulturellen Aufschwung; doch zeigt etwa Hrabanus Maurus († 856), wie sehr die Astronomie der Kirche zu dienen hatte; die Festberechnung nimmt bei ihm die zentrale Stellung ein. Auch Hrabans Enzyklopädie „De universo" will dem Seelsorger das für seine Arbeit wichtige Allgemeinwissen vermitteln und neben der Natur auch die Übernatur einbeziehen. Bald sank der Standard des Wissens wieder ab; im 10. Jahrhundert waren die Fächer des Quadriviums für viele ein „Buch mit sieben Siegeln". Doch ab dem 11. Jahrhundert begann ein neuer Strom des Wissens zu fließen, der durch die Rezeption der arabischen Wissenschaft sich bis zum 13. Jahrhundert ständig erweitern sollte. Auch wandelte sich die philosophische Einstellung. War die Natur früher vielfach dazu dagewesen, Illustrationen zu moralischen Betrachtungen zu liefern, wagte es jetzt der Mensch wieder, die Natur um ihrer selbst willen zu erforschen. Von der Schule von Chartres gingen im 12. Jahrhundert Impulse aus, das Universum auf Grund natürlicher Ursachen zu erklären, nachdem man müde geworden war, es in der Bildersprache der moralischen Symbole auszulegen. Männer wie Gilbertus Porretanus († 1154), Theodoricus von Chartres († um 1155) und Bernardus Silvestris (um 1150) wandten selbst beim Bibelstudium den darin auftauchenden naturwissenschaftlichen Problemen mehr Aufmerksamkeit zu. So lehrte etwa Theodoricus, daß Gott am Anfang den Raum geschaffen habe, in dem die vier Elemente sich gebildet hätten. Das Feuer hätte einen Teil der Wasser verdampft, wodurch sich das Firmament gebildet hätte, das die Wasser ober- und unterhalb seiner selbst trennte. Diese Verringerung des Wassers hätte die trockene Erde hervortreten lassen. Die Sterne hätten sich aus Zusammenballungen in den Wassern oberhalb des Firmaments gebildet. In den Planetensphären sah man eigene Intelligenzen am Werk. Die Schule von Chartres war stark durch Platons „Timaios" geprägt gewesen.

Zahlreiche Abendländer beteiligten sich ab dem 13. Jahrhundert an der Übersetzung arabischer Texte ins Lateinische; auch Juden hatten an dieser Arbeit einen großen Anteil. Damit strömte eine Fülle astronomischen Wissens ein und bewirkte eine wahre Explosion der Kenntnisse. An erster Stelle muß die Schule von Toledo in

Spanien genannt werden, wo vor allem Gerhard von Cremona eine ungeheure Arbeitsleistung vollbrachte. Von eminenter Bedeutung wurde die Übersetzung des „Almagest" des Ptolemaios durch Gerhard im Jahre 1175; dazu traten Übersetzungen von Werken des Autolykos, Hypsikles, Theodosios, Geminos und Menelaos. Ab dem 12. Jahrhundert setzten auch die Übertragungen aus dem Griechischen ein; und um 1160 übersetzte ein Anonymus in Sizilien seinerseits den „Almagest" des Ptolemaios. Die Rezeption der Werke des Aristoteles in der gleichen Epoche machte das Abendland mit der aristotelischen Kosmologie und Naturphilosophie bekannt. Mit Männern wie Albertus Magnus († 1280) setzten auch empirische Wissenschaft und Naturbeobachtung wieder kräftig ein.

Zu den meistgelesenen Kosmographen des Mittelalters zählte Johannes de Sacrobosco (John of Holywood, 1. Hälfte des 13. Jahrhunderts); seine elementaren Lehrbücher der Astronomie und Mathematik wurden durch Jahrhunderte benützt. Sein Lehrbuch „Sphaera mundi" stützte sich weitgehend auf die arabische Astronomie eines al-Farganī und al-Battanī; besprochen wurden die Erdkugel, die großen und kleinen Sphären, Auf- und Untergang der Sterne und die Bewegung der Planeten. Die arabischen Astronomen hatten auch Kritik am ptolemäischen Weltbild geübt. Als Michael Scotus († ca. 1235) das astronomische Buch des al-Bitrujī und die Aristoteleskommentare des Averroes übersetzte, lernte man im Westen, daß im arabischen Kulturkreis teilweise auch die Theorie der Exzentrizität der Planetenbahnen und die Epizykeltheorie kritisiert wurden. Robert Grosseteste († 1253), Bischof von Lincoln, hatte entscheidenden Einfluß auf die neue Blüte der Wissenschaft; er brachte in seinem „Compendium sphaerae" bereits Fortschritte über Sacrobosco hinaus. Die zweite Hälfte des 13. Jahrhunderts brachte den Sieg des Aristotelismus; doch auch Ptolemaios hatte sich als Autorität in dieser Epoche durchgesetzt. Viele Gelehrte des 13. Jahrhunderts gingen daher nicht über Aristoteles hinaus; nur manche kühne Geister wie Roger Bacon († 1294) rüttelten an den Autoritäten, was letzterem auch Verfolgung seitens seiner Vorgesetzten einbrachte. Roger erkannte, daß die Erde nur ein unbedeutender Punkt im Weltall sein könne und daß der kleinste Stern größer als die Erde sein müsse; er kritisierte das biblische Weltbild und die blinden Gefolgsleute dieses Weltbildes.

Die theologischen Arbeiten in der Zeit der Scholastik waren an einer Homogenisierung des theologischen und astronomischen Weltbildes interessiert. Thomas von Aquin († 1274) lehrte, daß der Himmel einerseits körperlich zu verstehen sei und von der Mondsphäre bis zum Feuerhimmel reiche, den man zusammen mit dem Kristallhimmel über der Fixsternsphäre dachte; andererseits sei der Himmel (der „Dritte Himmel") geistig und der Wohnort Gottes, der Engel und der Heiligen. In der Ikonographie mittelalterlicher Handschriften fand diese Konzeption einen bemerkenswerten Ausdruck. Eine Bible moralisée des 13. Jahrhunderts (Wien, Österreichische Nationalbibliothek, Cod. 1179) enthält ein Bild, in dem der Schöpfergott die in seinem Schoß liegende Welt mit dem Zirkel vermißt; eine andere Bible moralisée (Wien, Österreichische Nationalbibliothek, Cod. 2554) zeigt den Schöpfer als Architekten des Universums, der über die Welt gebeugt steht und sie mit einem Zirkel vermißt. Wie sehr konservative Ideen nachwirken konnten, zeigt etwa noch um 1300 die kosmologische Konzeption in der „Göttlichen Komödie" Dantes. Die Hölle ist ein in die Erde ragender Kegel, das Fegefeuer ein kugelförmiger Hügel im Ozean; es gibt zehn himmlische Sphären, nämlich jene von Mond, Merkur, Venus, Sonne, Mars, Jupiter, Saturn, die Sphäre der Fixsterne, das „Primum mobile" und das Empyreum als Sitz der Gottheit. Die neun Sphären werden durch Engel bewegt.

Bahnbrechend wurden im 14. Jahrhundert Forderungen von Männern wie Aegidius von Rom († 1316), wonach astronomische Hypothesen in erster Linie zur Erklärung beobachteter Fakten dienen müßten; der Streit zwischen Anhängern des „Physikers" Aristoteles und des „Mathematikers" Ptolemaios müsse durch Erfahrungsbeweise beendet werden. Die Grundsätze der Rechtfertigung der Wahrnehmung und der Einfachheit der Hypothesen blieben denn auch bis in die Zeit von Johannes Kepler gültig. Gegen Ende des 13. Jahrhunderts gab man in Paris das konzentrische Weltbild des Aristoteles auf, das augenscheinlich nicht der Erfahrung entsprach. Das ptolemäische System wurde als das bessere angenommen. Doch tauchten im 14. Jahrhundert auch bereits neue kühne Gedanken auf. Petrus von Abano († um 1315/18) dachte daran, daß auch die Sterne sich frei im Raum bewegen könnten und nicht auf einer Sphäre sitzen müßten. Johannes Buridanus und Nicolaus Oresme postulierten, daß sich die Erde und nicht die himmlische Sphäre drehe. Die praktische Astronomie machte nun einen großen Fortschritt. Mit Astrolab und Quadrant wurden Vermessungen vorgenommen; Tabellen zur Berechnung von Sternpositionen, von Längen und Breiten und für astrologische Voraussagen wurden erarbeitet. Alfons X. der Weise, König von Kastilien und Leon (1221–1284), ließ an seinem Hof in Toledo die berühmten Alfonsinischen Tafeln erstellen und astronomische Werke ins Spanische übersetzen.

Nach der Aufarbeitung eines ungeheuren Quellenmaterials konnte das 14. Jahrhundert zu neuen Entwürfen in Physik und Kosmologie voranschreiten. Man stieß bald an die Grenzen des griechisch-arabischen Weltbildes; denn dieses ließ kein Vakuum und keinen unendlichen Raum zu; an ein unendliches Universum oder gar an mehrere Weltsysteme war nicht zu denken. Als Johannes Buridanus († nach 1358) und Franciscus de Marchia postulierten, daß die irdische Mechanik auch auf die Himmelskörper ausgedehnt werden könne, fiel die Trennmauer zwischen sublunarer und himmlischer Sphäre. John Maudith († nach 1346) und Richard de Wallingford († 1335) wurden zu Bahnbrechern der abendländischen Trigonometrie. Nicolaus Oresme († 1382) lehrte bereits die tägliche Rotation der Erde. Heinrich Heinbuche von Langenstein († 1397) legte dar, daß Gott direkt und nicht durch Gestirne handle; er lehnte die Trennung der Welt in die Sphären unter und über dem Mond ab; er lehrte die Teilnahme aller Körper an einer gemeinsamen Natur, was der Konzeption eines mechanistischen Universums nahekam; auch lehnte er die Astrologie ab.

Seit dem 13. Jahrhundert war der Atomismus im Vormarsch, wonach die Welt aus unendlich vielen Bestandteilen zusammengesetzt sei. Nicolaus von Autrecourt etwa sah das materielle Kontinuum als Zusammensetzung aus kleinsten, unteilbaren Punkten und lehrte das Licht als Bewegung von Partikeln mit endlicher Geschwindigkeit. Die Idee des leeren Raumes benötigte allerdings noch längere Zeit zu ihrer Durchsetzung. Im 15. Jahrhundert tauchten bereits Argumente für die Existenz mehrerer Wel-

ten auf. Der kühne Denker Nicolaus Cusanus († 1464) postulierte bereits ein unbegrenztes Universum; aus philosophischen Gründen lehnte er die Vorstellung von der Erde als Mittelpunkt der Welt ab. Auch sah Cusanus klar, daß alle Himmelskörper aus denselben Elementen zusammengesetzt sein müßten. Zu einem Bahnbrecher der beobachtenden und rechnenden Astronomie wurde Johann von Gmunden († 1442), der ab 1408 an der Wiener Universität lehrte. Georg Peurbach († 1461) war ein Vertreter der humanistisch orientierten Wissenschaft. Sein Freund Johannes Regiomontanus setzte das Werk des früh verstorbenen Peurbach fort. Beide hatten noch einmal Ptolemaios übersetzt; Peurbach hatte in seinem vielbenützten Lehrbuch „Theoricae novae planetarum" das System des Ptolemaios exakt beschrieben und sogar von den Arabern die Idee der kristallinen Sphären übernommen. Die „Ephemeriden" des Regiomontanus († 1476) begleiteten bereits die spanischen und portugiesischen Seefahrer auf ihren Reisen. Die Beschäftigung der Humanisten mit den antiken Klassikern brachte nochmals eine nach rückwärts orientierte Wissenschaftspflege. Doch setzte sich in der Renaissance die Idee vom Raum, vom unendlichen Universum, ja von der Möglichkeit vieler Welten durch. Die entscheidende Revolution begann, als Nikolaus Kopernikus († 1543) das heliozentrische Weltbild vertrat, was zunächst nicht ohne Kritik blieb. Die sieben grundlegenden Thesen von Kopernikus lauteten:
1. Die Himmelsbewegungen haben verschiedene Mittelpunkte;
2. Die Erde ist kein Mittelpunkt der Welt;
3. Die Mitte der Welt liegt in der Nähe der Sonne;
4. Der Abstand von Erde und Fixsternhimmel ist für unsere Sinneserkenntnisse nicht zugänglich;
5. Während der Fixsternhimmel ruht und sich nur scheinbar bewegt, bewegt sich die Erde und ruht nur scheinbar;
6. Das gleiche gilt für die Bewegung der Sonne und der Erde;
7. Die relative Bewegung von Erde und Planeten genügt, um die Erscheinungen am Himmel einfacher als bisher zu erklären.

Kopernikus hatte allerdings noch einige Nachteile des ptolemäischen Systems beibehalten, so die Ruhe von Sonne und Fixsternsphäre und die Epizykel- und Exzentertheorie der Planetenbahnen. Doch die Revolution hatte begonnen. Der hierarchisch gegliederte Kosmos des Mittelalters war zusammengebrochen; oben und unten waren vertauscht; die Erde war entthront, denn die Weltmaschine des Kopernikus bewegte sich von einer neuen Mitte her. Der Zeitbegriff war erschüttert, als die Erde die Rolle des Fixsternhimmels übernahm. Die Erde war zum Planeten geworden; damit war endgültig die Trennung in irdische und himmlische Materie gefallen. Als 1572 eine Supernova im Sternbild der Kassiopeia auftauchte, mußte man erkennen, daß auch die Himmelssubstanz veränderlich sei. Den letzten Anstoß gab Johannes Kepler († 1630), der zeitlebens nach einem einfachen mathematischen Gesetz zur Verbindung der räumlichen Verteilung der Sternenbahnen und der Bewegungen der Sterne im Sonnensystem suchte. Seine grundlegende Erkenntnis war, daß sich Planeten auf einer Ellipsenbahn um die Sonne bewegen, welche in einem der Brennpunkte der Ellipse steht. Das zweite Keplersche Gesetz lautet, daß sich jeder Planet nicht gleichförmig bewegt, sondern so, daß die Verbindungslinie von ihm zur Sonne in gleichen Zeitabschnitten gleiche Flächen bestreicht. Kepler kam auch nahe an die Idee der Gravitation heran, die aber erst Isaac Newton formulierte. Noch Kepler mußte theologische und physikalische Einwände erdulden; doch hat er die Grundlage zu einer neuen Kosmologie gelegt, die erst jetzt die mittelalterlichen Ideen über den Kosmos als hinfällig erscheinen ließen. Die Erfindung des Teleskopes durch Galilei lieferte die ersten nachprüfbaren Bestätigungen für die kopernikanische Theorie. Das Tor zur modernen Astronomie war unwiderruflich aufgestoßen.

Tafel 11

Die Prophetie der Sterne.

Der Traum des Joseph. „Wiener Genesis", syrisch-antiochenischer Raum, erste Hälfte des 6. Jahrhunderts.
Wien, Österreichische Nationalbibliothek, Cod. theol. gr. 31, fol. 15r.

Das Buch Genesis beginnt die Geschichte Josephs, des Sohnes von Jakob und Rachel, mit dem Bericht über die Bevorzugung des jungen Burschen durch den Vater gegenüber seinen Brüdern, deren Eifersucht von Tag zu Tag steigt. Joseph hatte noch dazu zwei Träume, die seine künftige Herrschaft auch gegenüber seiner Familie voraus andeuteten: die Garben der Familie verneigen sich vor der Garbe Josephs; im zweiten Traum verneigen sich Sonne, Mond und Sterne vor Joseph. Der Haß der Brüder gipfelt im Verkauf des ungeliebten Bruders als Sklaven an Ismaeliten, die ihn nach Ägypten bringen, wo Joseph nach einem bewegten Leben zum Vizekönig des Landes aufsteigt und zur rettenden Gestalt wird.

Die „Wiener Genesis" ist das Fragment einer Prachthandschrift des ersten Buches der Bibel in der griechischen Textfassung der sogenannten Septuaginta. Auf Purpurpergament ist der Text in silberner Schrift jeweils in der oberen Hälfte der Seite eingetragen, während die untere Hälfte der Blätter von Miniaturen eingenommen wird. Erhalten sind noch 24 Blätter mit 48 Miniaturen, die aber zum Teil mehrere Einzelszenen in sich vereinen. Die in der ersten Hälfte des 6. Jahrhunderts wohl in Antiochia hergestellte Prachthandschrift ist ein Meisterwerk der frühbyzantinischen Buchmalerei.

Auf Blatt 15r (= Seite 29) wird Joseph auf einem Prunkbett in Schlafstellung abgebildet; in einem Himmelssegment über ihm erscheinen der Sonnengott, die Mondgöttin und elf leuchtende Sterne. Rechts wird die Erzählung des Traumes durch Joseph an seine Familie dargestellt, deren Gesichtsausdruck den Haß gegen den Jüngling widerspiegelt. Die scheinbar idyllische Hirtenszene in der unteren Blatthälfte zeigt die Brüder Josephs mit ihren Herden bei Sichem. Die bukolische Heiterkeit täuscht, denn erregte Gebärden einiger Hirten lassen den Ausbruch des Hasses der Brüder Josephs vorausahnen.

ΙΔΕΝΔΕΕΝΥΠΝΙΟΝΕΤΕΡΟΝΚΑΙΔΙΗΓΗϹΑΤΟ
ΤΩΠΑΤΡΙΑΥΤΟΥΚΑΙΤΟΙϹΑΔΕΛΦΟΙϹΑΥΤΟΥΚΑΙΕΙΠΕ
ΙΔΟΥΕΝΥΠΝΙΟΝΕΤΕΡΟΝΩϹΠΕΡΟΗΛΙΟϹΚΑΙΗ
ϹΕΛΗΝΗΚΑΙΟΙΑϹΤΕΡΕϹΠΡΟϹΕΚΥΝΟΥΝΜΕΚΑΙΕΠΕ
ΤΙΜΗϹΕΝΑΥΤΩΟΠΗΡΑΥΤΟΥΚΑΙΕΙΠΕΝΑΥΤΩΤΙΤΟ
ΕΝΥΠΝΙΟΝΤΟΥΤΟΟΕΝΥΠΝΙΑϹΘΗϹΑΡΑΓΕΕΛΘΟΝ
ΤΕϹΕΛΕΥϹΟΜΕΘΑΕΓΩΤΕΚΑΙΗΜΗΡϹΟΥΚΑΙΟΙΑΔΕΛ
ΦΟΙϹΟΥΠΡΟϹΚΥΝΗϹΑΙϹΟΙΕΠΙΤΗΝΓΗΝΕΖΗΛΩ
ϹΑΝΔΕΟΙΑΔΕΛΦΟΙΑΥΤΟΥΟΔΕΠΗΡΑΥΤΟΥΔΙΕΤΗ
ΡΗϹΕΝΤΟΡΗΜΑΕΠΟΡΕΥΘΗϹΑΝΔΕΟΙΑΔΕΛΦΟΙΑΥ
ΒΟϹΚΕΙΝΤΑΠΡΟΒΑΤΑΤΟΥΠΡϹΑΥΤΩΝΕΙϹϹΥΧΕΜ
ΚΑΙΕΙΠΕΝΙΗΛΠΡΟϹΙΩϹΗΦΟΥΧΟΙΑΔΕΛΦΟΙϹΟΥ
ΠΟΙΜΕΝΟΥϹΙΝΕΝϹΥΧΕΜΔΕΥΡΟΑΠΟϹΤΙΛΩϹΕ
ΠΡΟϹΑΥΤΟΥϹΕΙΠΕΝΔΕΑΥΤΩΙΔΟΥΕΓΩ·ΕΙΠΕΝΔΕ

ἄνδρες Γαβαών
πόλις Γαβαών
ἰσραηλῖται
ἰησοῦς ὁ τοῦ ναυή
εἰς τὴν παρεμβολὴν λέγοντες μὴ ἐκλύσῃς τὰς χεῖρας
τάχος καὶ ἐξελοῦ ἡμᾶς καὶ βοήθησον ἡμῖν ὅτι
οἱ τῶν ἀμορραίων οἱ κατοικοῦντες τὴν ὀρεινήν
καὶ ἐπιπαρεγένετο ἰησοῦς ἐπ' αὐτοὺς ἄφνω ὅλην τὴν νύκτα καὶ ἐξέστησεν αὐτοὺς κς ἀπὸ
καὶ κς ἐπέρριψεν ἐπ' αὐτοὺς λίθους χαλάζης ἐκ τοῦ οὐρανοῦ καὶ ἐγένοντο πλείους οἱ
σελήνη κατὰ φάραγγα
ἕως ἐξεπολέμησεν
τοῦ τὴν
εἰς τέλος ἡμέρας μιᾶς καὶ ἐγένετο ἡμέρα τοιαύτη οὔτε τὸ πρότερον οὔτε τὸ ἔσχατον

Tafel 12

Die Hilfe der Sonne.

Stillstand der Sonne während der Schlacht Josuas bei Gabaon gegen die Amorrhäer.
Josua-Rolle. Byzanz, 10. Jahrhundert.
Città del Vaticano, Biblioteca Apostolica Vaticana, Cod. pal. gr. 431 (Ausschnitt).

Das Buch Josua berichtet von der Eroberung des verheißenen Landes durch die Israeliten unter der Führung Josuas, des Nachfolgers des Moses, als Anführer des wandernden Volkes. In einem raschen Siegeszug fallen die feindlichen Städte, wenn auch Schlappen der Israeliten nicht fehlen. Die Bewohner von Gabaon gebrauchten eine List, um mit Josua einen Bund zu schließen, um der Vernichtung zu entgehen; als die List entdeckt wird, werden die Gabaoniten zu Sklavenarbeit verurteilt. Dennoch muß Josua, als die Gabaoniten von fünf Königen der Amorrhäer bedrängt werden, zu Hilfe eilen. In einer Vernichtungsschlacht werden die verbündeten Heere der Feinde zerschlagen. Josua fleht dabei um göttliche Hilfe und befiehlt der Sonne, über Gabaon stille zu stehen, ebenso dem Mond, über Ajalons Tal innezuhalten, bis die Feinde vernichtet wären. Und so geschah es auch. Das Buch Josua meint denn auch: „Die Sonne blieb stehen mitten am Himmel, und fast einen ganzen Tag verzögerte sie ihren Untergang. Solch einen Tag hat es nicht vorher noch nachher gegeben, daß Jahwe auf die Stimme eines Menschen gehört hätte“ (Jos. 10, 13–14).

Die Josua-Rolle der Biblioteca Apostolica Vaticana ist eine Bilderhandschrift in Rollenform, die in bewegten Szenen, die von kurzen Texten begleitet werden, die dramatischen Ereignisse der Eroberung Kanaans darstellt. Die in Konstantinopel wohl in einem kaiserlichen Atelier unter Kaiser Konstantin VII. Porphyrogennetos (905–959, Kaiser seit 913) entstandene Prachthandschrift, die die antike Buchform der Rolle aufnimmt, ist wohl eine Replik einer spätantiken Vorlage; in einem friesartigen Bilderzyklus in Grisaille-Malerei wird das biblische Buch Josua illustriert. Der Rotulus ist ein prachtvolles Dokument der Kunst der sogenannten Makedonischen Renaissance des 10. Jahrhunderts. Wenn auch die Rolle selbst als einmalig zu bezeichnen ist, kann man doch Ähnlichkeiten in byzantinischen Oktateuchen und Josua-Fresken, wie etwa zu Santa Maria Maggiore in Rom, feststellen.

In der 30. Szene der Rolle wird die Schlacht gegen die fünf Könige der Amorrhäer in zwei Unterszenen geschildert. Zuerst ist die tatsächliche Schlacht zu sehen, die bereits zugunsten der Israeliten entschieden ist, dann die Verfolgung der Feinde und ihre Tötung durch einen Steinhagel, während Josua überlebensgroß in der Mitte steht und Sonne und Mond zum Stillstand auffordert. Die Stadt Gabaon und die personifizierte Stadtgöttin sind typische Beigaben antiker Malerei. Die christlich-ikonologischen Bezüge der Schlacht sind im Alten Testament begründet: Schlachten werden als Taten Gottes angesehen und zum Siege durch Gott geführt.

Tafel 13

Der Stern von Bethlehem.

Meister Francke: Anbetung der Heiligen Drei Könige. Linker Flügel des Thomas-Altars der Englandfahrer in der St. Johanniskirche zu Hamburg, 1424.
Hamburg, Kunsthalle.

Das Matthäusevangelium berichtet von Magiern aus dem Morgenland, die auf Grund der Erscheinung eines Sternes sich auf die Suche nach dem neugeborenen König der Juden aufmachten und schließlich das Kind in Bethlehem fanden, wo sie ihm ihre Gaben darbrachten. Wohl auf Grund der drei genannten Gaben – Gold, Weihrauch und Myrrhe – wurde die Dreizahl der Magier kanonisch; zu Königen wurden sie wohl in bezug auf Textstellen aus den Psalmen und dem Propheten Jesaja. Die Anbetung der drei vom Stern geleiteten Magier wurde ab dem 3. Jahrhundert ein beliebtes Motiv der christlichen Kunst. Der hellenistische Bildtyp zeigt Maria mit dem Kind auf einer Kathedra, vor der die Magier eilenden Schrittes ihre Geschenke darbringen; der Stern wird betont abgebildet. Ein byzantinischer Typ ist gekennzeichnet durch einen Engel, der auf den Stern weist. Das Abendland baute diese Bildtypen aus. Ein französischer Typus zeigt einen knienden und einen auf den Stern weisenden König. Im Spätmittelalter wurde die Anbetungsszene dramatisch und realistisch ausgemalt.

Ein schönes Beispiel der deutschen spätgotischen Malerei bietet Meister Francke, der um 1424 in Hamburg tätig war. Seine Anbetung der Heiligen Drei Könige stammt vom linken Innenflügel des Thomasaltars der Englandfahrer aus der St. Johanniskirche zu Hamburg, eine Temperamalerei auf Holz (99 x 89,3 cm). Die Darstellung der Anbetung folgt einem Bildtypus, der wegen seines häufigen Vorkommens in der niederländischen Kunst des 15. Jahrhunderts auf ein verlorenes Frühwerk der Brüder Van Eyck zurückgeführt wird. Italienischen Ursprunges ist die Devotionshaltung des älteren Königs. Auf den französischen Bildtypus geht der kniende erste und sternweisende dritte König zurück. Auch die majestätisch auf ihrem Lager thronende Maria ist noch ganz mittelalterlich aufgefaßt.

Tafel 14

Verklärung Christi.

Theophanes der Grieche: Ikone der Verklärung Christi; 15. Jahrhundert.
Moskau, Tretjakov-Galerie.

Die Berichte der synoptischen Evangelien über die Verklärung Jesu am Berge Tabor beziehen kosmische Elemente ein. Jesu Antlitz strahlt wie die Sonne, die Gewänder sind weißer als Schnee, Moses und Elias erscheinen im Lichtglanz. Von Jesu Gestalt gehen oft Strahlen aus; zuletzt wird eine Lichtaureole um Jesu Gestalt in den Bildern kanonisch. Besonders die russischen Ikonen wandeln die Strahlen in zackige Sternformen um. Zwar nehmen die Ikonen antikes Bildgut auf, doch überhöhen sie es durch den tiefen Glaubensgehalt, der aus den Bildern spricht. Die Götterbilder der Antike waren im 4. Jahrhundert für die Kirche keine Gefahr mehr, weil die Christen unter dem Bild weder ein getreues Porträt noch einen gestalteten Mythos verstanden, sondern ein Zeichen, das auf Gottes unfaßbares Heilswirken in seinem Sohne Jesus Christus hinweist. Nach der Überwindung des Bilderstreites in Byzanz wurden die Ikonen endgültig zu festen Bestandteilen des kirchlichen Lebens. Die russische Kunst bewahrte das Erbe aus Byzanz. Gerade zu Ende des 14. Jahrhunderts flutete eine neue Welle byzantinischen Einflusses nach Rußland. Ihr prominentester Vertreter war Theophanes der Grieche, dessen Kunst mit ihrer Leidenschaftlichkeit, Dramatik, Strenge und Majestät bei den russischen Malern einen tiefen Eindruck hinterließ. Die Ikone der Verklärung Christi zeigt Christus in einen Lichterkosmos getaucht, dessen Strahlen die zu Boden stürzenden Apostel treffen. Nicht trefflicher kann der kosmische Charakter dieser Theophanie dargestellt werden.

Tafel 15

Die Kreuzigung als kosmisches Geschehen.

Kreuzigungsbild aus der „Evangelienharmonie" des Otfrid von Weißenburg, Weißenburg, um 868. Wien, Österreichische Nationalbibliothek, Cod. 2687, fol. 153v.

Bereits die Evangelien schildern Jesu Tod am Kreuze als ein kosmisches Ereignis: die Erde bebt, die Sonne verfinstert sich, Tote stehen auf. In Anlehnung an die Berichte der Evangelisten haben die frühchristliche und mittelalterliche Kunst Sonne und Mond als personifizierte Zeugen des Todes Jesu dargestellt. Die Personifikation von Himmelskörpern ist zwar bereits eine antike Erfindung, doch hat sie die christliche Kunst in einem neuen heilsgeschichtlichen Verständnis gebraucht. Es gibt einerseits Bilder von Sonne und Mond als Vollfiguren, oft auf ihren Wagen triumphal dahinfahrend; häufiger ist indes die Darstellung von Sonne und Mond im Gestus der Trauer, um die Tragik des Opfertodes Jesu anzudeuten; meist halten sie mit einer Gebärde der Trauer ein Tuch oder einen Teil des Gewandes vor das Gesicht.

Otfrid von Weißenburg, geboren um 790 im Elsaß, seit etwa 825 Mönch im Benediktinerkloster Weißenburg, schuf eine gereimte epische Evangelienharmonie in südrheinisch-fränkischer Mundart des Althochdeutschen. Das zwischen 863 und 871 verfaßte Werk will nicht nur die biblische Geschichte referieren, sondern auch das Leben Jesu in seiner Heilsbedeutung dichterisch erheben; das Göttliche tritt an Jesu Gestalt stärker hervor. Im Codex 2687 der Österreichischen Nationalbibliothek ist das vom Autor selbst korrigierte Handexemplar erhalten. Eine ergreifende Miniatur auf fol. 153v stellt Jesu Tod am Kreuze vor; der Gekreuzigte hängt noch lebend am Marterholz, flankiert von Maria und Johannes; Sonne und Mond bekunden durch ihre Trauer die Anteilnahme des Kosmos am tragischen Geschehen. Die kolorierte Federzeichnung ist ein treffliches Beispiel spätkarolingischer provinzieller, aber dennoch ausdrucksvoller Buchmalerei.

IHC·NAZAREN
US· REX·
IUDEORUM

Die Sterne und das Göttliche

Der Himmel als das Reich der Luft und der Bereich der Himmelskörper war zu allen Zeiten reich an mythischen und religiösen Bedeutungswerten. Im „Hohen", im „Erhabenen", im „Unendlichen" konnte sich das Heilige an sich offenbaren. Die höchsten Wesen der primitiven Kulturen wie die großen Götter der historischen Kulturen zeigen stets einen wie immer gearteten Zusammenhang mit Himmel, Luft oder Wetter. Diese höchsten Wesen sind oft auch „Schöpfer", „gut", „ewig" oder „alt", Stifter von Institutionen und Hüter der Normen. Es ist ein merkwürdiges Phänomen der Religionsgeschichte, daß diese erhabenen Gestalten die Tendenz aufweisen, allmählich aus dem Kult zu verschwinden und durch konkretere religiöse Mächte ersetzt zu werden. In vielen Fällen ersetzt ein Sonnengott den alten Himmelsgott; die Sonne wird zum Spender der Fruchtbarkeit und zum Beschützer des Lebens. Wenn das religiöse Leben nicht mehr vom Himmelsgott beherrscht wird, bewahren Sterne, Himmelssymbole und Himmelfahrtsmythen eine große Bedeutung. Mochten auch die himmlischen „Gestalten" in den Hintergrund treten, blieb die Heiligkeit des Himmels ungebrochen bestehen. Der Himmelssymbolismus hielt sich in jeder Religion, weil seine Seinsweise zeitlos ist. Manchmal konnte ein alter Himmelsgott neue Bedeutung durch „Spezialisierung" gewinnen. In Ackerbaureligionen etwa konnte der Sturmgott dynamisch und stark, als Stier und Befruchter gedacht werden, wenn auch nicht mehr als Schöpfergott. Die monotheistischen Revolutionen des semitischen Prophetismus und Messianismus bekämpften leidenschaftlich die Fruchtbarkeits- und Sturmgötter, um dem hohen Himmelsgott wieder seine alte Stellung zuzuweisen. Im Kampf zwischen Jahwe oder Allah gegen Baal vollzieht sich die neue Vergegenwärtigung der himmlischen Macht. Dieser Kampf durchzieht die alttestamentliche Geschichte in großer Dramatik. Schon das Buch Genesis zeigt in seinem Schöpfungslied die Entmythologisierung der mächtigen Sterngötter. Gerade die mesopotamische Religion, die babylonisch-assyrische Religion, war ja eine klassische Ausprägung der Astral- oder Sternenreligion gewesen. Die Sternenwelt war darin die höchste und vollkommenste Offenbarung der göttlichen Mächte. Sterne konnten als Geheimschrift der Götter angesehen werden, die es zu entziffern galt. In der Auffassung vom Parallelismus des himmlischen und irdischen Geschehens liegen die Anfänge der Astrologie. Die babylonische Astrologie sollte in der Epoche des Hellenismus eine Renaissance erfahren und dadurch auch auf das Mittelalter einwirken. Israel begegnete auch im Land Kanaan Formen eines Schöpferglaubens. In einem dramatischen Prozeß wird aus dem „El, dem Höchsten", der noch der Höchste im Kreis anderer Götter ist, Jahwe, der Gott, neben dem kein zweiter Gott mehr Platz haben kann. Der Schöpfungsbericht der Priesterschrift im Buch Genesis verrät denn auch eine leidenschaftliche Entmythologisierung aller kosmischen Kräfte und

Mächte. Schon die Urelemente, das Chaos, der Gotteshauch und die Finsternis sind nicht mehr mythisch gefaßt, sondern bloßes Material, mit dem der Schöpfer umgeht. Die Gestirne, die in der babylonischen Umwelt des Autors der Priesterschrift höchste Würde besaßen, werden instrumentalisiert und degradiert. Sogar die mythisch belasteten Worte für Sonne (šamaš) und Mond (jareaḥ) werden nicht gebraucht, vielmehr wird nur von dem großen und kleinen „Lichtkörper" (ma'ōr) gesprochen. Wenn bei den Gestirnen von Herrschaft geredet wird, ist dies keine Herrschaft über den Menschen, sondern die „Herrschaft über Tag und Nacht", die darin besteht, „zu scheiden zwischen dem Licht und der Finsternis". Im Hervorrufen der Pflanzenwelt scheint auch noch die Vorstellung von der „Mutter Erde" durch; doch das Tun der Erde ist wie die Herrschaft der Gestirne dem klaren Befehl Gottes untergeordnet.

Ältere babylonische Mythen konnten noch in späterer Bibelliteratur auftauchen. So spricht Deutero-Jesaja (51, 9f.) vom Schöpfergott, der den Chaos-Drachen getötet hat: „Wach auf, wach auf, ziehe Kraft an, du Arm Jahwes! Wach auf, wie in der Vorzeit Tagen, den längst vergangenen Geschlechtern. Bist du es nicht, der Rahab zerhieb, den Drachen durchbohrte? Bist du es nicht, der das Meer austrocknete, die Wasser der großen Urflut, der die Tiefen des Meeres zum Weg machte, das die Erlösten durchzogen?" Nach dem babylonischen Mythos hatte der Schöpfergott den Chaos-Drachen zerschlagen und aus den Teilen der Leiche Himmel und Erde gebaut. Deutero-Jesaja schrieb diese Urtat auch Jahwe zu, gleitet aber vom Schaffen der Erde durch Austrocknen der Wasser über zur Teilung des Roten Meeres, durch das die Israeliten auf der Flucht vor Pharaos Ägyptern zogen. Wieder zeigt sich typisch, daß die biblischen Schöpfungssagen nicht nur kosmologisch verstanden sein wollen, sondern zugleich heilsgeschichtliche Aussagen treffen wollen.

Dennoch hat die Welt der Gestirne in der Bibel eine enge Verknüpfung mit dem Göttlichen und Heiligen beibehalten, wenn auch unter anderen Vorzeichen als in der orientalischen Umwelt. In den Psalmen treffen wir etwa eine Reihe von Aussagen über den Schöpfer. So vergleicht Psalm 8 ganz im Sinne von Genesis 1, 26–28 die Macht des Schöpfers, aus der Himmel und Gestirne hervorgegangen sind, mit der Hoheit des Menschen, dem die Herrschaft über die niedrige Kreatur anvertraut ist. In Psalm 19 werden die Himmel genannt, die die Herrlichkeit Gottes rühmen; der Tag und die Nacht verkünden die Ehre Gottes; die Sonne wird mit dem aus seinem Zelt hervortretenden Bräutigam verglichen, der seine Bahn wie ein Held durchläuft. Fast scheint es, daß hier mythische Rede vom Sonnengott durchschimmert. Doch ist auch in diesem Psalm die Sonne nur ein kreatürliches Wesen, das nur durch seinen strahlenden Glanz mithelfen kann, die Ehre Gottes zu verkündigen. Der Psalm 104, der die Herrlichkeit der Schöpfung preist, spricht vom Wunder der Welt, in der Jahwe durch sein scheltendes Dreinfahren die Wasser in ihre Grenzen gewiesen hat. Hier besteht eine auffallende Affinität zum Sonnenpsalm des ägyptischen Königs Echnaton. Aber wieder ist es bezeichnend, daß nicht die Sonne mit ihren lebensspendenden Kräften gelobt wird, sondern Jahwe gepriesen wird, der sich in Licht hüllt wie in ein Kleid und den Himmel wie ein Zeltdach ausspannt. Immer wieder ist zu sehen, wie der biblische Glaube allen fremden Göttern, und so auch den Gestirnsgöttern, alle Macht wegnimmt und ihnen jeglichen Anspruch auf Israel verweigert.

Sonne, Mond und Sterne begleiten die Gestalten des Alten und Neuen Testamentes. Dem kinderlosen Abraham verheißt Gott eine Nachkommenschaft so zahlreich wie die Sterne am Himmel (Gen. 15, 2–6). Eine Miniatur der „Wiener Genesis" (Wien, Österreichische Nationalbibliothek, Cod. theol. gr. 31) aus dem 6. Jahrhundert zeigt eindrucksvoll, wie Abraham mit ehrfurchtsvoll verhüllten Händen zum nächtlichen Firmament aufblickt, aus dem zwischen zahllosen Sternen die Hand Gottes im Redegestus erscheint.

Der junge Joseph, der Sohn der Rachel und Jakobs, hatte zwei Träume, die seine spätere Machtstellung in Ägypten voraussagten; im zweiten Traum verneigen sich Sonne, Mond und Sterne vor ihm. Wieder veranschaulicht eine Miniatur der „Wiener Genesis" diese Vision, die zunächst Anlaß für die Erniedrigung Josephs und seinen Verkauf als Sklaven nach Ägypten wurde, wo er aber mit Gottes Hilfe zum Vizekönig aufstieg und so später auch seiner notleidenden Familie helfen konnte.

Als Josua mit den Israeliten das verheißene Land eroberte, mußte er im Zuge der vielen Kämpfe auch den Bewohnern von Gabaon, die mit ihm einen Bund geschlossen hatten, zu Hilfe eilen, als diese von den fünf Königen der Amorrhäer bedrängt wurden. Josua rief in der entscheidenden Schlacht die Sonne an, über Gabaon stillzustehen, ebenso den Mond, über Ajalons Tal innezuhalten, bis der Feind vernichtet sein würde; und so geschah es auch nach dem Bericht des Autors des Buches Josua (Jos. 10, 10–13). Die Josua-Rolle, eine in Rollenform gehaltene Prachthandschrift des 10. Jahrhunderts aus Konstantinopel (Città del Vaticano, Biblioteca Apostolica Vaticana, Cod. Pal. gr. 431) zeigt in packender Schilderung die Entscheidungsschlacht unter der stillstehenden Sonne.

Das Buch Jesus Sirach (Ecclesiasticus) berichtet (48, 23), daß in den Tagen des Königs Hiskija die Sonne zurückging, und Gott das Leben des Königs verlängerte.

Reich sind die Vergleiche und Metaphern in Büchern des Alten Testamentes, die mit Gestirnen zu tun haben. Balak, König von Moab, ersuchte aus Angst vor dem heranrückenden Volk von Israel den Propheten Bileam, die Israeliten zu verfluchen; doch Bileam konnte auf Eingebung Jahwes nur segnen, was den König zur Raserei brachte. Einer der Segenssprüche lautete: „Ein Stern geht auf aus Jakob, und ein Szepter erhebt sich aus Israel, das zerschmettert Moabs Schläfen, allen Söhnen Sets den Scheitel." Diese Weissagung wurde in der frühchristlichen Kunst zur Epiphanie in Beziehung gesetzt, zum Fest der Erscheinung des Herrn, wie dies eine Wandmalerei in der römischen Priscillakatakombe aus dem 3. Jahrhundert zeigt. Nach der Befreiung Israels von den Kanaanitern unter König Jabin und der Tötung des Feldherrn Sisera sangen Debora und Barak ein Siegeslied (Richter 5, 1–31); darin heißt es in Vers 31: „So sollen verderben alle deine Feinde, Jahwe! Und die dich lieben, sollen sein wie die Sonne, wenn sie aufgeht in ihrer Kraft." Psalm 88, 37–38 spricht davon, daß der Thron Davids vor Gott sein soll wie die Sonne und wie der Mond, der treue Zeuge in den Wolken. Ganz in Analogie zur Instrumentalisierung von Sonne und Mond im Schöpfungsbericht heißt es in Psalm 103, 19: „Du bist es, der geschaffen hat den Mond, daß er messe die Zeiten; die Sonne weiß ihren Untergang." Wenn Gott in Psalm 120 als Schützer und Hüter Israels angerufen wird, heißt es auch, daß der Beter am Tage nicht die Sonne fürchten muß und nachts ihm der Mond nicht schaden werde. Der Prediger

(Kohelet, Ecclesiastes) stellt im Prolog seines Buches der Vergänglichkeit der Welt die ewige Dauer der Erde und den beständigen Lauf der Sonne gegenüber. Im Hohenlied wird die Schönheit der Braut mit Mond und Sonne verglichen; es lautet in Vers 6, 10: „Wer ist, die da herniederschaut wie die Morgenröte, schön wie der Vollmond, klar wie die Sonne, furchterregend wie Bannerscharen?" Das Buch Jesus Sirach (Ecclesiasticus) vergleicht in Vers 26, 21 die Schönheit der guten Frau als Zier ihres Hauses mit der Sonne, die auf den Höhen des Herrn aufgeht. Wenn im Buch der Weisheit über die Reue der Sünder im Gericht gesprochen wird, wird ihnen das Wort in den Mund gelegt, daß sie vom Weg der Wahrheit abgeirrt sind, daß ihnen das Licht der Gerechtigkeit nicht geleuchtet hat, daß ihnen die Sonne nicht aufgegangen ist (Sap. 5, 6). Im Buch Jesus Sirach lautet es vom göttlichen Richter (Eccli. 17, 19): „Alle ihre Werke liegen wie die Sonne vor ihm, und seine Augen ruhen stets auf ihren Wegen." In Vers 27, 11 heißt es im selben Buch: „Der fromme Mann weilt immer in der Weisheit wie die Sonne, der Tor aber wechselt wie der Mond." Wenn es im Vers 42, 17 des Ecclesiasticus lautet: „Die strahlende Sonne erblickt alle Dinge, und das Werk des Herrn ist erfüllt von seiner Herrlichkeit", mag dahinter wieder das mythische Bild von der alles sehenden Sonne aufleuchten, doch auch hier ist die Sonne ein kreatürliches Wesen, das der Herrlichkeit des Herrn zu dienen hat, zumal es in Vers 18 heißt: „Denn der Allerhöchste hat Kenntnis von allen Dingen und schaut auf die Zeichen der Zeit." In ganz besonderer Weise werden die Himmelskörper im Ecclesiasticus 43, 1–10 gepriesen: „Der Himmelshöhe Stolz ist das Firmament in seiner Klarheit, und die Himmel selbst tun seine Herrlichkeit kund." Die Sonne, die aufstrahlt, ruft bei ihrem Aufgang: „Welch Wunder ist des Höchsten Werk. Steht sie im Zenit, so läßt sie die Welt verdorren; wer kann aushalten vor ihrem Brand? Ein entfachter Ofen bringt Glut hervor, dreimal mehr brennt die Sonne die Berge, glühenden Dampf sendet sie aus, und durch ihr Feuer wird blindgebrannt das Auge. Groß ist der Herr, ihr Schöpfer, sein Wort lenkt ihren schnellen Lauf. Und der Mond, in allem zur rechten Zeit, bezeichnet die Monate und teilt die Zeit ein. Der Mond bestimmt die Feste, dieses Gestirn, das abnimmt, wenn es voll geworden ist. Von ihm erhält der Monat seinen Namen, wunderbar nimmt er zu nach seinem Wechsel. Er lehrt das Heer in der Höhe, das leuchtet am Firmament des Himmels. Des Himmels Schönheit ist die Pracht der Sterne; sie schmücken mit ihrem Schein die Höhen des Herrn. Durch das Wort des Heiligen hat die Ordnung Bestand, und sie ermatten nicht auf ihrer Wache." Nirgends ist klarer zum Ausdruck gebracht, wie die Elemente der alten Astralreligion, die die Weltordnung garantierten, nun im Glauben Israels zu Werkzeugen Gottes geworden sind, der allein Garant der Ordnung ist.

Ein Sonnenwunder ereignete sich nach dem Bericht des Jesaja (Kap. 38), als der todkranke König Hiskija auf sein Gebet hin genas; als Zeichen der Wahrheit der Verheißung des Herrn ging die Sonne um zehn Stufen zurück, so daß ihr Schatten um so viele Stufen abnahm. Der Autor des Buches der Weisheit tadelt in Kapitel 13 die Menschen, die keine Gotteserkenntnis haben und daher Geschöpfe wie Feuer, Wind, Wasser, Sonne und Gestirne für Götter hielten. Demgegenüber mag Psalm 148 gestellt werden, in dem das ganze Weltall und vornehmlich Sonne, Mond und Sterne zum Lob des Schöpfers aufgefordert werden. Auch im berühmten Lobgesang der drei

Jünglinge im Feuerofen des Königs Nabuchodonosor (Daniel 3, 51ff.) werden alle Himmelskörper zum Preis Gottes aufgerufen.

Im Neuen Testament mangelt es nicht an Texten, die das Göttliche mit Himmelskörpern verbinden. Eine der bekanntesten Erzählungen ist jene vom Stern, der die drei Magier aus dem Morgenland nach Bethlehem führte. Diesen Bericht liefert das Matthäusevangelium in Kapitel 2, einem Teil der Jugendgeschichte Jesu, die der Autor dem von Markus und der Spruchquelle bezogenen Stoff vorangestellt hat. Im Evangelium wird von Magiern gesprochen, die auf Grund der Erscheinung eines Sternes, den sie als Zeichen der Geburt eines Königs deuteten, nach Jerusalem kamen, um dort den Neugeborenen zu suchen. Der Spruch der Schriftgelehrten, die Herodes berief, verwies sie auf Bethlehem, und der Stern zog vor ihnen her und blieb über dem Haus stehen, wo das Kind war; sie beteten es an, schenkten ihm ihre Gaben und kehrten, durch einen Traum vor Herodes gewarnt, auf einem anderen Weg in ihre Heimat zurück. Das Evangelium nennt weder Namen noch Zahl der Magier; Origenes gibt sie mit drei an, wohl auf Grund der drei Gaben Gold, Weihrauch und Myrrhe; zu Königen wurden die Magier in Bezug zu Psalm 71, 10 und Isaias 60, 3. Die Anbetung der vom Stern geleiteten Magier kommt in der Kunst seit dem 3. Jahrhundert vor, so in Katakombenmalereien und Sarkophagplastiken. Die Szene wurde bald fester Bestandteil der neutestamentlichen Bildzyklen, kommt als Theophaniemotiv aber auch selbständig vor. In der frühchristlichen Malerei herrscht der hellenistische Bildtyp vor, bei dem Maria auf einer Kathedra mit dem Kind auf ihrem Schoß sitzt, während die Magier in eiligem Schritt die Gaben darbringen. Seltener blicken alle Magier zum Stern auf, zu dem der erste Magier emporweist. Einmalig ist die Darstellung am Triumphbogen von Santa Maria Maggiore in Rom, wo das Kind allein auf einem Prunkthron sitzt; dahinter sind der Stern und vier Engel sichtbar, daneben Maria und die Ecclesia. Ein anderer Bildtypus zeigt Maria mit dem Kind frontal in der Mitte von Anbetungsgruppen; dabei kann ein Engel auf den Stern weisen. Ein byzantinischer Typ ist gekennzeichnet durch den sternweisenden Engel und die Kniebeuge des ersten Magiers. Im Abendland werden der hellenistische und der byzantinische Typus ausgestaltet. Im 13. Jahrhundert entstand ein neuer, französischer Typ, bei dem der erste König kniet und der zweite dem dritten den Stern zeigt. Auf einem Kapitell der Kathedrale zu Autun in Burgund weist ein Engel den schlafenden Königen den Stern, offenbar also im Traum. Im Spätmittelalter wurde die Anbetungsszene dramatisch und realistisch ausgemalt und bereichert. Der Stern kann – wie bei Albrecht Dürer oder Baldung – groß als Weihnachtssonne erscheinen. Ein Tympanonrelief des Südwestportales des Ulmer Münsters um 1380 zeigt die Könige, die in ihrer Heimat den Stern erblicken und verehren, in dem das Jesuskind mit dem Kreuz erscheint. Über die Natur des Sternes wurde in der Forschung viel debattiert. Man dachte an eine legendäre Ausgestaltung einer persischen Magiergesandtschaft, die im Jahre 66 n. Chr. zu Kaiser Nero kam, um ihm als Weltenkönig zu huldigen. Andere Forscher verteidigten die seltene Konjunktion der Planeten Jupiter und Saturn im Zeichen der Fische im Jahre 7 v. Chr. als Ursprung der Erzählung des Evangeliums. Jupiter wurde als der Stern des Weltenherrschers betrachtet, das Sternbild der Fische als Zeichen der Endzeit, während Saturn als der Stern Palästinas galt. Josephus Flavius berichtet aus der Kindheit des Moses, daß ein ägyptischer Schriftgelehrter dem Pharao die Geburt eines einst mächtigen Knaben prophezeit hätte. Auch die Segnung des Bileam (Num. 24, 17) und dessen Prophezeiung eines Sternes aus dem Hause Jakob könnte mit Matthäus in Verbindung gebracht werden. Der Evangelist will auf jeden Fall mit der Erzählung vom Stern von Bethlehem eine theologische Wahrheit anschaulich machen, nämlich die Erfüllung der Prophetie des Bileam und die Erscheinung des Messias vor den Vertretern des Heidentums.

Der Bericht von der Verklärung Jesu auf dem Berge Tabor vor den Aposteln Petrus, Johannes und Jakobus – mitgeteilt von Matthäus 17, 1–9, Markus 9, 2–13 und Lukas 9, 28–36 – bezieht kosmische Elemente ein. Während das Markusevangelium nur davon spricht, daß Jesu Gewänder leuchtend weiß wurden, spricht das Matthäusevangelium auch davon, daß Jesu Anlitz strahlte wie die Sonne; Lukas berichtet, daß Moses und Elias im Lichtglanz erschienen. In der Kunst wird das kosmische Element teilweise verstärkt. So zeigt die symbolische Darstellung der Verklärung auf den Mosaiken der Basilika San Apollinare in Classe in Ravenna um 549 über der Landschaft einen blauen Kreis mit goldenen Sternen und Crux gemmata; zu beiden Seiten des Lichtkreises knien Moses und Elias. In der historisierten Szene der Apsis der Kirche des Katharinenklosters auf dem Sinai (565–566) gehen von der Gestalt Jesu sieben Strahlen aus; denn so sagt auch die vierte Ode des Festtagskanons: „Aus deinem Leibe sind die Strahlen deiner Gottheit auf die Propheten und Apostel hinausgegangen." Kanonisch wird zuletzt eine Lichtaureole um Jesus; ihre Strahlen sind bisweilen in zackige Sternform umgewandelt, so besonders auf russischen Ikonen.

Die Kreuzigung Jesu wird bereits in den Evangelien als kosmisches Ereignis geschildert, wenn von der Sonnenfinsternis beim Sterben Jesu die Rede ist. Markus berichtet von einer Finsternis von der sechsten bis zur neunten Stunde; Lukas nennt ausdrücklich die Verfinsterung der Sonne als Grund der Finsternis, während Matthäus nur ein Erdbeben kennt. In Anlehnung an die Berichte der drei Evangelisten über die apokalyptischen Ereignisse hat die frühchristliche und mittelalterliche Kunst Sonne und Mond personifiziert als Zeugen des Kreuzestodes Christi dargestellt. Zwar ist die Personifikation der beiden Himmelskörper bereits eine antike Erfindung, doch hat die christliche Kunst sie in einem neuen Verständnis gebraucht. In der altchristlichen Kunst, etwa in dem Rabbulacodex aus dem 6. Jahrhundert oder im Fresko zu Santa Maria Antiqua in Rom, konnten Sonne und Mond noch als astronomische Gebilde gezeigt werden, doch bald trat die personale Konzeption der Antike in den Vordergrund. Besonders in der karolingischen und ottonischen Epoche brach die antike Tradition durch, wiewohl die Form der beiden Gestirne differenziert werden konnte. Am häufigsten werden Sonne und Mond als Brustbilder auf einem Clipeus dargestellt. Die Sonne trägt eine Strahlenkrone, der Mond eine Sichel im Haar. Die katalanische Ripoll-Bibel in der Biblioteca Apostolica Vaticana aus dem 11. Jahrhundert zeigt die Gestirne mit Vollfiguren; die Sonne steht auf einem von vier Löwen gezogenen Wagen, der Mond auf einem von Ochsen gezogenen Gefährt. Auch auf Prachteinbänden wie demjenigen des Codex Latinus Monacensis 4452 der Bayerischen Staatsbibliothek in München sind Wagen die Attribute der triumphalen Figuren. Doch erscheinen Sonne und Mond oft als trauernde Gestalten, um die Tragik des Opfer-

Tafel 16

Die Strahlenkranzmadonna.

Holzplastik in der Kirche St. Sebaldus in Nürnberg, um 1435.

Die Johannesapokalypse berichtet in einer grandiosen Vision von einer Frau, bekleidet mit der Sonne, den Mond unter ihren Füßen, einen Kranz von zwölf Sternen um das Haupt. Sie ist schwanger und wird von einem siebenköpfigen Drachen bedroht, der dabei zahlreiche Sterne vom Himmel fegt. Doch wird der von ihr geborene Sohn zu Gott entrückt, während die Frau Zuflucht in der Wüste findet. Die Kirchenväter ab dem 3. Jahrhundert deuteten das „Apokalyptische Weib" als Symbol der Kirche und interpretierten ihre Attribute ekklesiologisch. Doch schon seit dem 4. Jahrhundert wurde die apokalyptische Frauengestalt auch als Bild Mariens gedeutet; im Hochmittelalter gewann die mariologische Auslegung den Vorrang. In Weiterbildung der madonnenartigen Darstellung des „Apokalyptischen Weibes" entwickelten sich im Spätmittelalter die Bildtypen der „Madonna auf der Mondsichel" und der „Strahlenkranzmadonna", die Züge der Himmelskönigin mit apokalyptischen Elementen vereint.

In der Sebalduskirche zu Nürnberg steht auf einer Steinkonsole eine farbig gefaßte Madonnenstatue aus Birnbaumholz, etwa 1,50 m hoch. Der Strahlenkranz erinnert an die Bekleidung mit der Sonne in der Apokalypse; die von Engeln getragene Mondsichel dient Maria als Fußstütze; eine große Anzahl von Sternen umschwebt Maria, die das Jesuskind hält und der zwei kleine Engel eine Krone aufsetzen. Die Kombination der Konzeptionen des Apokalyptischen Weibes, der Himmelskönigin und des Andachtbildes „Maria mit Kind" wird hier augenscheinlich. Zugleich zeigt sich auch, wie lange sich der Typus der böhmischen „Schönen Madonna" trotz der seit 1430 von Flandern nach Osten vordringenden Welle eines neuen Realismus gehalten hat. In großen Kaskaden fallen die Gewanddrapierungen herab, doch das Volumen des Körpers ist bereits erfaßt. Maria sieht allerdings eher wie eine solide Bürgersfrau als eine Himmelskönigin aus. Der anonyme Bildhauer zeigt die beginnende Lösung von der internationalen gotischen Tradition um 1400 an.

Tafel 17

Die heilende Kraft der Sonne.

Miniatur des durch die Sonne wieder verjüngten Adlers aus dem „Reiner Musterbuch".
Stift Rein bei Graz, Anfang des 13. Jahrhunderts.
Wien, Österreichische Nationalbibliothek, Cod. 507, fol. 3v.

Zwischen dem 2. und 4. Jahrhundert n. Chr. entstand wohl in Alexandrien ein Handbuch der christlichen Natursymbolik, das unter dem Titel „Physiologus" (= Der Naturforscher) bekannt wurde. Dem Buch geht es nicht um die Vermittlung naturkundlichen Wissens; vielmehr zitiert es die wunderbaren Eigenschaften vieler Tiere sowie einiger Pflanzen und Steine und deutet diese religiös symbolisch als Typen für Christus, die Kirche, den Teufel und den Menschen. Das Werk wurde vielfach übersetzt und bearbeitet und fand in den mittelalterlichen Bestiarien seine Fortsetzung. Bezüge zu Gestirnen sind auch im Physiologus vorhanden. So soll der alte Adler eine reine Quelle aufsuchen, dann zur Sonne emporfliegen, seine Flügel dabei verbrennen, in die Quelle eintauchen und damit wieder verjüngt werden. So möge der stumpf gewordene Mensch Jesu Sonne suchen und im Bad der Buße zum neuen Menschen werden.

Im Zisterzienserstift Rein bei Graz wurde zu Anfang des 13. Jahrhunderts ein Musterbuch geschaffen, das für Buchmaler eine modellhafte Sammlung von Schriften, Ornamenten und figuralen Darstellungen bringen wollte. Auf Blatt 3v sind zwei Bilder aus dem Physiologus in einfacher Federzeichnung eingetragen. Oben wird von der Geburt des Elefantenkindes im Wasser gehandelt, das gegen einen bösen Drachen verteidigt werden muß; unten ist der Adler zu sehen, der zur Sonne aufsteigt, die sogar personifiziert abgebildet erscheint, und sodann das heilsame Bad in der reinen Quelle vornimmt, um seine Verjüngung zu vollenden.

In den Zisterzienserstiften war seit 1134 die luxuriöse Buchmalerei verboten; es bildete sich ein einfacher Zeichnungsstil mit braunen und roten Federzeichnungen heraus, der bis in die zweite Hälfte des 13. Jahrhunderts nachweisbar blieb. Das „Reiner Musterbuch" ist dafür ein treffliches Beispiel; als eine der ältesten erhaltenen Beispielsammlungen und als Einführungsbuch für Illuminatoren verdient es besondere Beachtung.

Hic draco perdetur animas baptista tuetur.

Amne parit pullos elephans draco ne necet illos.

Qui baptizatur ueteri culpa spoliatur.

Sol ignis aquile corpus reddit iuuenile.

Tafel 18

Kosmisches Stifterbild.

Tympanon über dem inneren Hauptportal der Stiftskirche Millstatt in Kärnten, um 1170.

In der romanischen Kunst ist nicht selten der gesamte Kosmos eingefangen; dies ist oft auf kleinstem Raum der Fall. Wenn etwa in einer Buchmalerei ein Heiliger auf einem Drachen steht, ist damit symbolhaft ausgedrückt, daß zwar das Dämonische ebenso wie das Heilige seinen Platz im Kosmos hat, daß aber das Dämonische durch das Heilige überwunden ist. Ähnlich verhält es sich mit dem Hauptportal der ehemaligen Stiftskirche St. Salvator und Allerheiligen, der Kirche des zwischen 1080 und 1088 gestifteten Benediktinerklosters in Millstatt. Das romanische Trichterportal entstand um 1170 unter Abt Heinrich II., der – ein Graf von Andechs-Giech – hier von 1166 bis 1178 regierte. Der Künstler des Portals war ein Rutgerus. Am Türsturz versinnbildlichen Tiere das Böse. Die Säulchen im Gewande sind abwechselnd mit Flechtwerk versehen oder gedreht; am oberen Rand blicken Köpfe gebannter Kobolde heraus, während teuflische Tiere, die von Löwen an der Kämpferzone verscheucht wurden, frei umherlaufen. Die beiden äußersten Säulen werden von Dämonen getragen. Im Bogenfeld kommt hingegen das sakrale Moment zum Tragen. Abt Heinrich II. bringt kniend die Kirche vor Christus dar, der segnend die rechte Hand über den Abt hält, während er in der Linken ein offenes Buch trägt. Die durch Gesichter personifizierten Himmelskörper Sonne und Mond sowie fünf Sterne deuten die Stiftung als kosmisches Geschehen. So spannt sich auch im Tympanon von Millstatt der Bogen von der dämonischen Unterwelt bis in die Sphären der reinen Himmelskörper.

Tafel 19

Der Baum als kosmisches Symbol.

Alexander der Große vor den Bäumen der Sonne und des Mondes.
Historienbibel des Evert van Soudenbalch. Utrecht, um 1460.
Wien, Österreichische Nationalbibliothek, Cod. 2771, fol. 335r.

Ungemein vielfältig ist der Symbolgehalt des Baumes in vielen Kulturen. Schon im alten Orient konnte der Baum zum kosmischen Symbol werden. Das Vorbild des Baumes steht nach archaischen Vorstellungen in der Mitte des Alls und verbindet Himmel und Erde. Bei den Germanen spielt die Weltesche Yggdrasil diese Rolle, in der persischen Tradition ein gewaltiger, aus dem Ozean aufragender Baum, im älteren Hinduismus ein umgekehrter Baum, der im Himmel verwurzelt ist. Auch im Traum Nebukadnezars und im Lamaismus findet sich die Vorstellung vom Weltenbaum. Der siebenarmige Leuchter des jüdischen Kultes entspricht dem Himmelsbaum, der die Planeten trägt. Astrale Symbole wie Mondsichel, Rosette oder Stern konnten die kosmologische Bedeutung des Baumes in altmesopotamischen Darstellungen betonen. Noch im Alexanderroman ist mit den Bäumen der Sonne und des Mondes ein Nachhall der astralen Vorstellungen gegeben.

Im fiktiven Brief Alexanders des Großen an seinen Lehrer Aristoteles über die Wunder Indiens wird von den wahrsagenden Bäumen der Sonne und des Mondes erzählt. Wie die Miniatur in der Historienbibel des Evert van Soudenbalch illustriert, wird Alexander von einem Priester in einen Garten geführt, wo er zunächst einen Baum erblickt, aus dessen Wipfel die Sonne strahlt. Der Baum verkündet Alexander, daß er Herr der Erde sein werde, aber nicht lebend in seine Heimat zurückkehren werde. Der Baum des Mondes verkündet später, daß Alexander seine Altersreife erreicht habe und im kommenden Jahr im Monat Mai zu Babylon sterben werde, zum Tode gebracht von einem Menschen, dem er dies nie zutrauen würde. Der traurige Alexander beschwor am nächsten Tag die Orakelbäume, nähere Details zu nennen, erhielt aber nur mehr teilweise Antwort auf seine Fragen, da das Schicksal nicht abgewendet werden könne.

hi begheerde te weten · Mer hi seide datter
zonnen boem spreke als die sonne des avonts
onder gaen soude ende als si op gaen soude
des morghens · Ende dier manen bome des
gelijc · Ende die bomen stonden in enen bossche
in mydden die ommuert was mit een mue
re die niet zeer vast en was Ende doe sij
daer bynnen gaen souden so hiet hem die
pape afdoen alle haer duere cledere ende
haer schone pimwele · Ende doe si daer byn
nen gaen waren so saghen si staen bome
mydden staen ende elc was wel hondert
voet hoghe eñ daer hinc balsame aen die
daer af drope ende was gelijc krieken ·
Ende die coninc ende sijn gesellen nepten
den balzem veel om dat si so wel roec · Wat
die coninc leyder mit hem bynnen wel
drie hondert ridders van sinen heere eñ
om dat dese bome so schone waren ende
van balzem so wel geladen so waende a
lexander dattet daer zeer plaghe te reghe
nen · mer die paep zwoer datter noyt re
ghen noch vogel noch beest en quam ·
Want hi seide hem dattie bomen gewyet
waren inder zonnen ende der manen eere
Ende datsi so lanc ende so schoen worden
waren van heylicheiden · Doe woude alex
ander den bomen doen offerhande · mer die
paep verbotet hem ende hiet hem eñ sine
luden datsi die bomen aenbeden souden eñ
cussen · Dese paep ende dese lude vã dien
lande si plaghen wel drie hondert iaer
te leuen of meer ·

**Hoe alexand' sijn eerste antwoert ontfinc
vander zonnen bome**

Die paep
seide tot alexander hebt v herte
ende v gepeynse voer v waer of
dat ghi weten wilt mer en spreke niet
mer peynse mitter herten ende ziet op
waert op den boem ende hi sal v antwer
den dat ghi begheert te weten want si

spreken griex ende indiensche tale beyde
Die coninc ende sijn geselscap wachten hẽ
van quaden berade ende si saghe ten bome
waert op · Alexander peynsde of hi myt
geluc ende mit zeghe weder te lande kerẽ
soude · Ende doe antwoerde hem der zommẽ
boem ende seide · Alexander du selste alle
die werelt tonder doen ende onverwonnẽ
bliuen van stride ende heer bouen alle
die werelt sijn · Mer nymmermeer so en
coemstu weder te lande · dit seide die bome
in Indiensche tale mit cleynre spraken ·
Mer dit woert mysquam alexander har
de zeer · ende hem was leet dattet so veel
ridders van sinen volke hoerden ende hi
begonste te wenen · Ende alexander ver
boet hem allen beyde mit ghiften eñ mit
dreyghen dat syt nyemant seyghẽ en
souden dit dat si gehoert hadden ende hi
woude noch beiden om noch anderwerf
antwoerde te ontfaen vander manen bo
me · Mer die paep seide hem dat niet sijn
en soude voer der mydder nacht dat die
maen rysen soude · Hier om woude alex
ander beyden ende hi hielt mit hem per
dicasse ende filotine ende clytone sinen
neve die nalinghe wt grieken gecomẽ
was · Want die mane seide hem wel dat
ten daer bynnen nyemant en soude mo
ghen doot slaen · Ende hier om ontsach hijs
hem te myn ende hi dede alle die ander
ridders wtẽ bossche gaen · **Hoe d' manen
boem alexander anderwerf antwoerde**

Alexander ghinc inwaert totten
bomen myt die drien ende aen
bede den bome zeer · eñ hi peyns
de ende begheerde te weten die staet daer
hi in sterven soude · Ende doe die mane be
gonste te rijsen so antwoerde hem die bo
me in griexe tale · Alexander stout man
dijn sterfdach naect zeer · Want int naes
te iaer ter neghender maent selstu ster
uen bynnen babylonien der stat eñ dat
sal doen dijn vrient daer duus niet op
en vermoedes · Alexander weende herde
zeer ende sijn drie gesellen die myt hem
waren · Nochtant was alexander yn
twivelinghen oft hem enich van dien
drien doen soude ende hem berouwede
dat hi niet gevraecht en hadde wiet hem
doen soude eñ dus ginghẽ si wte eten · Mer
alexander en mochte niet eten van droef
heiden voer dats hẽ sijn lude zeer baden ·
**Hoe der sonen boeme alexander die der
de vinge antwoerde.**

Doe alexan
der gegeten had so was hi herde
eernstich om te tyde te comẽ voer

ALEXANDER M. DARIVM VLT: SVPERAT
CÆSIS IN ACIE PERSAR: PEDIT: C.M. EQVIT
VERO X.M. INTERFECTIS. MATRE QVOQVE
CONIVGE LIBERIS DARII REG. CVM M. HAVD
AMPLIVS EQVITIB: FVGA DILAPSI. CAPTIS.

Tafel 20

Die Schlacht als kosmisches Geschehen.

Albrecht Altdorfer: Alexanderschlacht bei Issos. München 1529.
München, Bayerische Staatsgemäldesammlung, Alte Pinakothek, Inv.-Nr. 688.

Schlachten als Taten eines Gottes sind bereits dem Altertum ein vertrauter Begriff gewesen. Auch die jüdische Bibel kennt das Eingreifen Gottes in das Schlachtgeschehen. Im Buch Josua gibt es Szenen, in denen Gott mehr Feinde tötet als das irdische Heer. Das Motiv der Beziehung zwischen irdischem und kosmischem Kampf zieht sich durch das Mittelalter bis in die Neuzeit. Das Bild der Alexanderschlacht bei Issos, das Albrecht Altdorfer 1529 zu München im Auftrag von Herzog Wilhelm IV. von Bayern gemalt hat, ist dafür ein treffliches Beispiel. Die Darstellung des irdischen Kampfes zwischen den Heeren Alexanders des Großen und des Perserkönigs Dareios folgt den Beschreibungen von Quintus Curtius Rufus (Historiae Alexandri Magni, 31, 21–31) und Flavius Arrianos (Anabasis, 2, 8–11). Im Zentrum der in sich verbissenen Heere stürmt Alexander gegen Dareios vor, der sich auf seinem Streitwagen zur Flucht wendet. Aber dem Mikrokosmos des Menschen ist der Makrokosmos gegenübergestellt. Wir blicken auf die Erde wie auf eine Landkarte herab; über der Erde weitet sich der Raum in das Firmament mit seinen Himmelskörpern und atmosphärischen Erscheinungen. Altdorfer sieht den Raum bereits konvex, also modern; in diesem Raum prallen Naturgewalten aneinander; das irdische Geschehen der Schlacht ist in das kosmische Leben der Natur eingebettet. Die Weltlandschaft weitet sich zur kosmischen Landschaft, wo ziehende Wolkenheere, Sonne und Mond, Licht und Dunkel im Universum im Widerstreit stehen. Es war ein unerhörtes Wagnis des Künstlers, die Miniaturmalerei zur Monumentalmalerei werden zu lassen. Das bedeutendste Bild Altdorfers ist derart von einer ungeheuren Spannung, ja Bedrohlichkeit geprägt.

todes Jesu anzudeuten; meist halten sie mit einem Gestus der Trauer einen Teil des Gewandes oder ein Tuch vor das Gesicht. Wenn in ottonischen Bildern oft auch Erde und Meer personifiziert beim Tode Jesu anwesend sind, will damit das Mitgefühl des gesamten Weltalls zum Ausdruck gebracht werden.

Da Sonne und Mond aber auch antike Herrscherinsignien sein konnten, können sie in der Kunst auch als Zuseher bei der Verherrlichung Christi aufscheinen. Schon aus dem 3. Jahrhundert ist eine Tonlampe erhalten, auf der der Gute Hirte von Sonne und Mond flankiert wird. Auf der Tür von Santa Sabina in Rom aus dem 5. Jahrhundert befinden sich die beiden Gestirne neben der Ecclesia, die akklamierend ihre Hände zu dem über ihr befindlichen Christus erhebt. Aus dem gleichen Grund konnten fallweise Sonne und Mond bereits bei der Taufe Jesu im Jordan in ihrer Rolle als kosmische Zeichen einer Theophanie abgebildet werden.

In Abwandlung eines apokryphen Berichtes über Jesu Auferstehung im Petrusevangelium zeigt der Utrechter Psalter aus dem 9. Jahrhundert eine Szene, in der Jesus, von zwei Engeln gestützt, aus dem Grabmonument schreitet, während über ihm der Sonnengott aufgeht. Die Gestalt des Auferstehenden konnte auch mit der Sonne bekleidet oder von Sonnenstrahlen umgeben dargestellt werden; ein Ähnliches gilt von Figuren des in den Himmel auffahrenden Jesus.

Eine entscheidende Rolle spielen die Gestirne in der Apokalyptik und in den Apokalypsen. Die christlichen Apokalypsen repräsentieren eine Literaturgattung, die jüdischen Ursprungs ist; denn das Urchristentum hat seinen eschatologischen Glauben weitgehend in Formen und Kategorien der jüdischen Endzeiterwartung zum Ausdruck gebracht. Schon bei den Propheten waren Weissagungen über Schreckensereignisse und über den Zorn Gottes mit kosmischen Erscheinungen gepaart. So heißt es etwa bei Jesaja 13, 9–10: „Seht, es kommt der Tag Jahwes, furchtbar und voll Grimm und Zornesglut, um die Erde in eine Wüste zu verwandeln und die Sünder daraus zu vertilgen. Des Himmels Sterne und sein Orion hören auf zu leuchten. Bei ihrem Aufgang schon verfinstert sich die Sonne, und der Mond läßt seinen Glanz nicht mehr scheinen." In der Apokalypse des Jesaja (Kap. 24) wird von der wie ein Trunkener taumelnden Erde gesprochen; der Mond wird erröten, und die Sonne wird sich schämen. Hingegen werden nach der herrlichen Auferstehung Jerusalems laut Jesaja 60, 19–20 weder Sonne noch Mond mehr als Leuchten dienen, da Jahwe selbst ewiges Licht sein wird. Der Prophet Joel spricht in seiner Vision vom Tage Jahwes (2, 10–11): „Vor ihnen erzittert die Erde, erbeben die Himmel, Sonne und Mond verfinstern sich, die Sterne ziehen ein ihren Glanz." In Kapitel 3, 4 bei Joel heißt es: „Die Sonne wird sich in Finsternis wandeln und der Mond in Blut, bevor der Tag Jahwes kommt." Der Prophet Amos spricht (Kap. 8, 9). „An jenem Tage, spricht Jahwe, der Herr, lasse ich die Sonne untergehen am Mittag und verfinstere die Erde am hellen Tag." Habakuk (Kap. 3, 11) verkündet: „Sonne und Mond verkriechen sich in ihrem Gehäuse, vor dem Licht deiner Pfeile enteilen sie, vor dem Glanz deiner blitzenden Speere." Hingegen werden die Himmelskörper in der Zeit der Vollendung unvergleichlich strahlender sein; so sagt Jesaja 30, 26 über die Zeit des künftigen Glückes: „Das Licht des Mondes wird dem Sonnenlichte gleichen, und das Licht der Sonne wird siebenfältig sein wie das Licht von sieben Tagen, am Tage, da Jahwe die Wunden seines Volkes verbindet und die Striemen seiner Schläge heilt." Auch allegorisch können Himmelskörper einbezogen werden, wie etwa Malachias (4, 2) sagt: „Aber euch, die ihr meinen Namen fürchtet, wird die Sonne der Gerechtigkeit aufgehen und Heil ist in ihren Strahlen."

Die eigentlichen Apokalypsen geben sich als Visionsberichte; der Seher sieht die Ereignisse bildhaft in Form von Symbolen oder Allegorien, die erst zu deuten sind. Ein Grundzug der Apokalyptik ist der Dualismus der zwei Äonen, der bösen alten Welt und der guten kommenden Welt. Die Schilderung der bösen letzten Zeit mit ihren politischen und kosmischen Katastrophen nimmt breiten Raum ein. Wahrscheinlich war die jüdische Apokalyptik ursprünglich eine Reaktion auf die vordringende hellenistische Kultur und in Gruppen beheimatet, die in die Opposition gedrängt waren und den Mitgliedern der Gemeinschaft den Verlauf der Weltgeschichte deuten wollten. Auch Jesus war zum Teil ein Apokalyptiker, wenn auch seine Botschaft vom Reiche Gottes andere Züge trägt, indem dieses Reich zugleich schon angebrochen ist, aber erst in Zukunft vollendet wird. Die synoptischen Evangelien legen Jesus Apokalypsenberichte in den Mund. Schon Markus, der älteste Evangelist, läßt Jesus (Kap. 13, 14–37) von der großen Drangsal Jerusalems sprechen; vor dem Kommen des Menschensohnes werde sich die Sonne verfinstern, werde der Mond seinen Schein nicht mehr geben, werden die Sterne vom Himmel fallen und die Kräfte des Himmels erschüttert werden. Matthäus (Kap. 24, 29–31) und Lukas (Kap. 21, 25–28) sprechen in ähnlichen Worten von den kosmischen Katastrophen. Die Johannes-Apokalypse gestaltet die übernommene Tradition in christlicher Form um. Nachdem die Berufungsvision dem Buch göttliche Autorisation verleihen sollte, folgen die Sendschreiben an die Gemeinden und die Vision der endzeitlichen Ereignisse und Schrecken; drei Siebener-Visionen heben sich dabei ab: die Siegelvisionen (5, 1–8, 1), die Posaunenvisionen (8, 2–9, 21; 11, 15–19) und die Schalenvisionen (15ff.). Der Autor Johannes, eine angesehene Persönlichkeit der kleinasiatischen Kirche – der mit dem Apostel Johannes nichts zu tun hat – will seine Leser im Glauben bestärken und zum Konflikt mit dem römischen Staat gegen Ende des ersten Jahrhunderts Stellung nehmen; dabei schöpft er aus Konzeptionen von eschatologisch bewegten judenchristlichen Kreisen Kleinasiens. Der Dualismus des Johannes hat kosmische Dimensionen; dies zeigt sich etwa darin, daß in den Posaunenvisionen und Schalenvisionen häufig Geschichtskatastrophen als Naturkatastrophen geschildert werden. Der Seher beschreibt zugleich die Entscheidung zwischen Christus und Satan, christlicher Gemeinde und heidnischer Weltmacht. Kosmische Ereignisse und geschichtliche Ereignisse werden verschmolzen; der Weltuntergang besiegelt den Untergang der satanischen Mächte. Die Gestirne nehmen in diesen dramatischen Visionen eine erhebliche Rolle ein. Als das Lamm vor dem Throne Gottes die Siegel zu lösen beginnt, hebt das Strafgericht an. Auf die vier Apokalyptischen Reiter folgen Erdbeben und Verfinsterungen; die Sonne wird schwarz wie ein härener Sack und der Mond wie Blut; die Sterne des Himmels fallen auf die Erde; der Himmel wird wie eine Buchrolle eingerollt (6, 12–14). Nach dem Blasen der dritten Posaune fällt ein brennender Stern zur Erde, der „Wermut" genannt wird, weil er die Wasser bitter macht. Nach der vierten Posaune wird der dritte Teil der Sonne, des Mondes und der Sterne geschlagen. Nach der fünften Posaune erschließt ein fallender Stern den Brunnen des

Abgrundes, aus dem Rauch aufsteigt und Heuschrecken kommen. Im weiteren Verlauf treten an die Stelle von Weltkatastrophen als Menschheitsstrafen die Kämpfe zwischen den göttlichen und teuflischen Mächten. Einen Höhepunkt der Visionen bedeutet die Erscheinung des Apokalyptischen Weibes, das einen Sohn gebiert, der zu Gott entrückt wird; der das Weib verfolgende Drache wird von den Engeln besiegt und auf die Erde geworfen. Mit der Vernichtung der großen Hure Babylon kommt die Ernte der Völker. Aber nochmals gibt es Katastrophen durch das Ausgießen der Zornesschalen; die vierte Schale bewirkt, daß die Sonne die Menschen versengt. Nach dem Weltgericht entsteht das neue Jerusalem, das weder Sonne noch Mond benötigt, weil in ihm die Herrlichkeit Gottes leuchtet und seine Leuchte das Lamm Gottes ist.

Das großartige Apokalypsenbuch des Johannes war in der Kirche lange Zeit umstritten; die Ostkirche nahm es sogar aus dem Kanon und akzeptierte es erst wieder im 14. Jahrhundert. Erst mit dem Sieg des Christentums begannen die Darstellungen der Apokalypsenmotive in der Kunst. Zyklische Illustrationen kennt nur die abendländische Kunst. Eine überaus große Rolle spielte die Apokalypse in Spanien, da die mozarabische Liturgie das Buch reichlich verwendete, und der Kommentar des Beatus von Liébana große Verbreitung fand. Im Früh- und Hochmittelalter waren Apokalypsendarstellungen hauptsächlich in der Buchmalerei zu finden. Der spanische Bilderkreis entwickelte sich vor allem im 10. und 11. Jahrhundert auf der Basis des Apokalypsenkommentars des Beatus von Liébana mit 76 Illustrationen voll der dramatischen Phantasie. Frühmittelalterliche französische Zyklen beschränkten sich auf eine engere Auswahl der Szenen. Vom 9. bis zum 13. Jahrhundert entwickelte sich ein franko-anglo-normannischer Bilderkreis, der in bedeutenden Handschriften überliefert ist. Um 1000 setzten italienische Monumentalapokalypsen ein. Der franko-anglo-normannische Kreis hatte eine Nachwirkung im Spätmittelalter in Tapisserien und in der Glasmalerei. In Deutschland begründete der Apokalypsenkommentar des Alexander Minorita von Bremen um 1242 einen neuen Bilderkreis, der bis zu Albrecht Dürer hinführen sollte. Der Zyklus kennt 85 Szenentypen. Letzte Höhepunkte erlebte die Apokalypsenillustration in der franko-flämischen Buchmalerei des 15. Jahrhunderts und in den Holzschnitten des 15. und 16. Jahrhunderts. Albrecht Dürers Zyklus erschien 1498 zu Nürnberg, in zweiter Auflage 1511 im Folioformat wie die franko-flämischen Handschriften. Unter den Szenen der Apokalypse nehmen die kosmischen Zeichen, das Weltgericht und das Apokalyptische Weib, also Szenen, die mit Gestirnen zu tun haben, eine wichtige Stellung ein. Besonders bemerkenswert sind Glasgemälde in Walburg (Elsaß) aus dem endenden 15. Jahrhundert mit der Darstellung von 15 kosmischen Zeichen, darunter dem Fallen der Sterne. Die Weltgerichtsdarstellungen erscheinen meistens auf den Westwänden der Kirchen; in ihnen tritt allmählich der Text aus dem Matthäusevangelium (25, 31–46) gegenüber der Apokalypse des Johannes als Quelle in den Vordergrund.

Laut dem Kapitel 12, Vers 1–18 der Johannesapokalypse erscheint am Himmel eine Frau, bekleidet mit der Sonne, den Mond unter ihren Füßen und einem Kranz von zwölf Sternen um das Haupt. Sie ist schwanger und wird von einem siebenköpfigen Drachen bedroht, der dabei ein Drittel der Sterne vom Himmel fegt. Sie gebiert einen Sohn, der zu Gott entrückt wird, während die Frau in die Wüste flieht. Bereits Hippolytos von Rom im 3. Jahrhundert, dann Tyconius, Beda Venerabilis († 735) und Beatus von Liébana († 798) verstanden dieses Apokalyptische Weib als Sinnbild der Kirche und deuteten ihre Attribute ekklesiologisch; so soll die Sonne Christus bedeuten (als „sol iustitiae", als Sonne der Gerechtigkeit); der Mond soll das Taufbad, seit Alkuin († 804) die Vergänglichkeit darstellen; die Sterne sollen den Tierkreis, später die Apostel versinnbildlichen. Die Geburt des Sohnes soll die Wiedergeburt des Täuflings veranschaulichen, der Drache den Satan bedeuten. Seit Epiphanios von Salamis (4. Jahrhundert) wurde das Apokalyptische Weib auch als Mariensymbol interpretiert. Im 12. Jahrhundert gewann die mariologische Auslegung stärker an Gewicht. Bernhard von Clairvaux († 1153) sah in dieser Frauengestalt das Zeichen der Überwindung des Teufels durch Maria; Richard de St. Laurent deutete die Vision auf Mariens leibliche Himmelfahrt. Die Ikonographie war demnach vielfältig. Ab dem 9. Jahrhundert erscheint das Apokalyptische Weib in der Buchmalerei als Kirche (Ecclesia) dem Drachen gegenüber, Mond und Sonne zu den Füßen. In den Beatus-Handschriften kommt das Weib einmal mit der Sonnenscheibe vor der Brust und mit Sternen und Mond vor, ein andermal mit Flügeln in der Wüste. Fallweise erscheint das Kind in einer Sonnenmandorla vor der Brust der Frau. Die ekklesiologische Deutung spiegelt sich auch in den Darstellungen der Bamberger Apokalypse, dem „Hortus deliciarum" des Herrad von Landsberg, im franko-anglo-normannischen Zyklus, in der Bible moralisée, in französischen und italienischen Monumentalmalereien des 12. Jahrhunderts, ja noch bei Meister Bertram im 14. Jahrhundert und bei Albrecht Dürer wider. Vom 12. Jahrhundert an erhält das Apokalyptische Weib Züge Mariens. Ein Beispiel für die enge Verknüpfung der Ideen „Christus – Sonne – Jungfrau in der Sonne" bietet ein Neues Testament aus Verona (Codex Vaticanus Latinus 39, 13. Jahrhundert), wo Christus in der Sonnenscheibe vor dem Leib der Frau erscheint. Eine Mischform zwischen Apokalyptischem Weib, Himmelskönigin und Andachtsbild bietet die erste Miniatur des Krumauer Bildercodex (Wien, Österreichische Nationalbibliothek, Cod. 370, Blatt 1r), in der der Schmerzensmann in der Sonnenmandorla vor dem Körper Mariens, die als Apokalyptisches Weib und als Königin gezeichnet ist, aufscheint. Der madonnenähnlichen Gestaltung des Apokalyptischen Weibes entspricht auch die Erweiterung des Marienbildes durch apokalyptische Symbole; so bezeichnen auf dem Fresko der Marienkrönung im Braunschweiger Dom aus der Zeit um 1220/30 Mond, Sonne und Sterne die Himmelskönigin. Die Erwähltheit Marias wird hier durch ihre Identifizierung mit dem Apokalyptischen Weib angedeutet, während die apokalyptischen Symbole auf den irdischen und himmlischen Teil ihres Wesens hinweisen. Der Bedeutungswandel ist Anlaß für die Verselbständigung des Apokalyptischen Weibes als Bildtypus im Spätmittelalter; es bildet sich der Typus der „Madonna auf der Mondsichel" heraus. Ab dem 13. Jahrhundert tritt das Apokalyptische Weib auch in der Skulptur auf. Giotto verbindet in der Capella Peruzzi um 1330 eine Majestasszene mit einer Geburtsszene. In der beginnenden Neuzeit wird aus dem Apokalyptischen Weib das Immaculatabild, das die apokalyptischen Symbole aufnimmt.

Das Marienbild ist der häufigste Gegenstand der christlichen Kunst; daher ist die marianische Ikonographie sehr vielschichtig. Sind doch die Darstellungstypen, die Anlässe der Darstellung, die Topographie in der Geschichte der Heiligtümer, die

Funktion der Bilder in der Frömmigkeitsgeschichte und die Stellung der Künstler zum Bild sehr verschiedenartig, so daß sich der Bildschatz schwer systematisieren läßt. Gestirne spielen aber im Marienbild eine nicht unerhebliche Rolle. Sie begleiten das Leben Mariens wie der Stern von Bethlehem oder der Stern bei der Darstellung im Tempel; sie sind Attribute ihrer Verherrlichung wie in der Himmelfahrt, der Krönung oder der Erscheinung als Apokalyptisches Weib. Besonders in Krönungsszenen ist das Motiv des Sternenthrones zu beobachten; Maria und Jesus sitzen nebeneinander auf dem Thron der Herrlichkeit; Maria empfängt unter dem Sternenhimmel die Krone aus der Hand ihres Sohnes.

Gestirne konnten auch den Engeln zugeordnet sein. So gelten helle und dunkle Sterne als Symbole der die Erde umschwebenden guten und bösen Engelsmächte. Engel konnten nach antiken Konzeptionen, wie sie etwa bei Philon, Plotinos oder Augustinus auftreten, als Beweger der Himmelssphären und Himmelskörper aufgefaßt werden. Schon die Kirchenväter bezeichneten die Sphärenmusik der Planetensphären als das Tönen der himmlischen Heerscharen. Eine platonische Idee schreibt Engeln das Tragen der Planeten zu. Dante hat diese Vorstellung wieder aufgegriffen. Bei Kosmas Indikopleustes im sechsten Jahrhundert schwingt die Vorstellung von Engeln als Verkörperung der Sterngeister mit. In der Apsis von Sant' Angelo in Formis aus dem 11. Jahrhundert tragen Erzengel transparente Weltkugeln. Herrad von Landsberg († 1195) faßt wie bereits Augustinus die Engel als Licht auf; so ist auch in der Wormser Bibel (um 1148) die Erschaffung des Lichtes mit jener der Engel identisch. An der Nordfassade der Kathedrale von Chartres, im Portal des Christophorus-Meisters (1. Hälfte des 13. Jahrhunderts), stehen Engel mit Fackeln in einem kosmologischen Zusammenhang; an der Westfassade tragen sie Scheiben, Astrolabien und Weltkugeln. Am Straßburger Engelspfeiler nehmen die vier Posaunenengel die Achsen des Kosmos ein. Noch Raffael stellte Engel als Planetenträger in der Chigi-Kapelle dar. Engel und Erzengel mit dem Globus in der Hand sind nach dem Vorbild antiker Kaiser dargestellt.

Die Kugel, die Sphaira, wird als Symbol des Kosmos seit dem sechsten Jahrhundert verwendet. Sie ist das Modell der Gestalt des Kosmos, in dessen Zentrum die kugelförmige Erde ruht, die von Sphärenhüllen umgeben und außen von einem als Kugelschale vorgestellten Firmament umschlossen ist. In der Verwendung der Kugel, des Globus, als Attribut ist die Nachwirkung antiker Göttlichkeits- und Machtsymbolik zu erblicken. Schon zu Füßen oder in der Hand heidnischer Gottheiten kommt die Kugel vor; sie ist Machtsymbol des römischen Kaisers. In der frühchristlichen Kunst kann sie fallweise zu Füßen Christi stehen. Die Kosmos-Kugel wird zum Sitz Gottes oder Christi; man denke an den Genesiszyklus von San Paolo fuori le mura in Rom oder an die Apsis von San Vitale zu Ravenna. Von den antiken Niken, den Siegesgöttinnen, übernommen ist die Darstellung der Engel und Erzengel mit Kugeln in Händen. Seit dem 11. Jahrhundert kommt der durchsichtige Globus vor; in der spätbyzantinischen und slawischen Kunst konnten Wasser und Wolken in den Globus eingezeichnet sein. Schon in karolingischer Zeit kann Christus als Majestas auf einer Sphaira thronen; in ottonischer Zeit hat er sie öfters in der Hand. Die Kugel in der Hand Gottes ist Zeichen der Herrschaft über den Kosmos. Die Kugel wurde denn auch folgerichtig in die Reichsinsignien aufgenommen. Seit der Spätgotik hält in Dreifaltigkeitsdarstellungen – besonders in der Marienkrönung – Gottvater die kreuzbekrönte Kugel in der linken Hand. Zuletzt konnte die Kugel auch Attribut allegorischer Figuren werden; man denke an Astronomen, an die Frau Welt, an Parzen, an die Sieben Freien Künste, an die Melancholia.

Der Nimbus, der spätere christliche Heiligenschein, war ursprünglich eine farbige oder goldene Kreisfläche um das Haupt einer Gottheit. Servius spricht von einer „leuchtenden Wolke“ bzw. einem „hellen Licht“. Die Beziehung zur Symbolik der Sonnenscheibe liegt nahe. Der Sonnengott konnte auch eine Strahlenkrone tragen. Der christliche Nimbus übernahm aus der hellenistisch-römischen Welt die schematische Form der blauen, blaugrünen oder goldenen Scheibe. Zuerst wird Christus allein mit dem Nimbus ausgezeichnet; aber rasch wurde der Typus verallgemeinert und auf die Gesamtheit der heiligen und sakralisierten Personen ausgedehnt. Damit können als Nimbusträger neben den christlichen Heiligen aufscheinen: die Patriarchen und Propheten des Alten Testamentes, Engel, Kaiser, Päpste, Bischöfe, Äbte, Personifikationen, symbolische und allegorische Gestalten wie Lamm, Phönix oder Taube. Es gab auch traditionell gewordene semantische Formabwandlungen des Nimbus; man denke an den Kreuznimbus Christi, des Lammes, der Hand Gottes, Gottvaters, der Geisttaube, an den dreieckigen Nimbus Gottvaters, an den rechteckigen Nimbus lebender Personen, an den vieleckigen Nimbus des Trecento für Personifikationen.

Die Mandorla erscheint in der Kunst als Gloriole, als Umrahmung einer ganzen Figur, als Lichthülle in geometrischer Form, sei es kreisförmig, sei es ellipsenartig, sei es mandelförmig. Als Vorformen wurden in der antiken Kunst der Lichtreif des Sonnengottes und die Schildform des Clipeus angesehen. Die frühesten Mandorlen traten im 5. Jahrhundert auf. Einerseits mag die Lichtsymbolik der Gottesgestalt die Einführung der Mandorla bedingt haben, die wohl aus dem Orient stammt; gleichzeitig begegnen auch transparente Hohlformen in der Architektur. Es sei nicht verhehlt, daß eine andere Interpretation die Wurzel der Mandorla in dem Fruchtbarkeits- und Kraftsymbol der weiblichen Vulva sieht. Die Mandorla ist anfänglich Gott und seinen Symbolen eigen; sie wird sodann Theophanien zugesellt, im Westen häufig der Majestas Domini und dem Weltgericht. Ist die Mandorla mit Sternen versehen, stellt sie das Firmament dar; ihre volle Bedeutung liegt dann im Verständnis als Kosmos, als leuchtender Thron Christi. Sonderformen der byzantinischen und slawischen Kunst zeigen die Mandorla in Zacken- und Sternengestalt.

Eine bemerkenswerte Zuordnung der Gestirne fand auch gegenüber Adam und Eva, den Stammeltern des Menschengeschlechtes, statt. Auffallend sind bereits die mythologischen Typologien. So wird Adam als Mikrokosmos dem Makrokosmos gegenübergestellt. Die Rippe, aus der Eva geschaffen wurde, ist wohl ursprünglich ein Motiv aus dem Mondmythos gewesen. In spanischen, italienischen und karolingischen Bibeln stehen Sonne und Mond über Adam und Eva, die damit zu beiden Himmelskörpern in Parallele gesetzt erscheinen. Adam und Eva wurden auch als Personifikationen der „Heiligen Hochzeit“, des „Hieros Gamos“ von Himmel und Erde aufgefaßt. Dabei repräsentiert Eva den Himmel und Adam die Erde. Der griechisch geschriebene Name Adams wurde interpretiert als Akrostichon von Anatole, Dysis,

Arktos und Mesembria, also den vier Weltgegenden, aus denen der Leib Adams genommen worden war. Wenn Adam als Mikrokosmos aufgefaßt wird, konnten ihm die sieben Planeten als Nimbus zugeordnet sein. Wenn Adam auf einem Berg erschaffen wird, bedeutet dies, daß der „Mann vom Berge" dem alten Weltbild entnommen ist, wonach der Weltenberg von den oberen und unteren Wassern umgeben war. In einer Vision der heiligen Hildegard von Bingen († 1179) erscheint Eva als „blendendweiße Wolke, die viele Sterne in sich trägt". Damit wird die Textstelle der Genesis, Kapitel 2, 5 („Ein Nebel entstieg der Erde"), also die Wolke über dem Erdhügel, mithin die Struktur des alten Kosmos vom Himmelswasser über dem Weltenberg, auf Mann und Frau angewandt.

Gestirne spielen auch im Handbuch der christlichen Natursymbolik, dem „Physiologus", eine Rolle. Das vielleicht in Alexandreia zwischen dem 2. und 4. Jahrhundert entstandene Buch zitiert die wunderbaren Eigenschaften von Tieren sowie einigen Pflanzen und Steinen und deutet sie religiös-symbolisch als Typus für Christus, die Kirche, den Teufel und den Menschen. Das Werk wurde vielfach übersetzt und bearbeitet und fand in den Bestiarien des Mittelalters seine Fortsetzung. Die Quellen der Natursymbolik sind vielfältig: orientalische Überlieferungen, die Lehre von der Sympathie und Antipathie aller Naturerscheinungen der Stoiker und Neuplatoniker, ägyptisches Zauberwesen, synkretistische Pseudowissenschaft semitischer Provenienz, Volksglaube und Philosophie sind darin ortbar. Einige Beispiele für astrale Bezüge seien erwähnt. Die im Alter blind gewordene Sonneneidechse sucht eine Mauer, die gegen Osten sieht, und blickt aus einer Ritze gegen die aufgehende Sonne; so wird sie wieder sehend. So möge der stumpf gewordene Mensch durch Christus, die aufgehende Sonne der Gerechtigkeit, wieder sehend werden. Der alte Adler sucht eine reine Quelle, fliegt zum Strahlenkranz der Sonne empor, verbrennt seine Flügel, taucht in die Quelle und ist damit wieder verjüngt. So möge der stumpf gewordene Mensch Jesu Sonne suchen und im Bad der Buße zum neuen Menschen werden. Der zur Sonne fliegende Adler wird häufig als Gegenstück zur Himmelfahrt Christi aufgefaßt. Die Auster trinkt die Strahlen von Sonne, Mond und Sternen, wird dadurch schwanger und gebiert die Perle. Der Vogel Strauß legt seine Eier erst, wenn das Sternbild der Pleiaden aufgeht. Laut dem älteren Plinius verehren die Elefanten den Mond.

Die Himmelssymbolik fand Eingang auch in den christlichen Kirchenbau. Die Kuppel galt ja schon in vorchristlicher Zeit als Symbol des sonnendurchstrahlten Himmels über einem Ort. Im gleichen Sinn wurde die Kuppel der griechischen Zentralbauten, der Kuppelkirchen, von den byzantinischen Mystagogien als Symbol des Himmels gedeutet. In der Kuppel wurde daher früh die Himmelfahrt Christi oder der Pantokrator dargestellt. Auf die Kuppel gemalte Sterne konnten den astralen Charakter unterstreichen. So ist ein komplettes Stichkappengewölbe mit Kreuzessonne und Sternen im Monument der Galla Placidia zu Ravenna aus der Zeit um 422 eine Darstellung des Himmels; ähnlich ist es mit einem Kreis in der Apsiswölbung von San Apollinare in Classe zu Ravenna um 549 bestellt. Kränze mit Christusmonogramm, der von Engeln getragene Kreisnimbus der Himmelfahrt und der Regenbogennimbus des Pantokrator sind zeichenhaft verkürzte Hinweise auf den Himmel.

Auch Baldachine und Ciborien sind Bildzeichen für den Himmel. Diese Symbolik ist bereits für das alte Ägypten bezeugt. Die Erde wurde als Rechteck mit vier Pfosten aufgefaßt, über die sich der halbkugelige Himmel wölbt. Der Baldachin wurde in Griechenland denn auch als „kleiner Himmel" (Uraniskos) bezeichnet. Unter dem Baldachin saß der Herrscher gleichsam als Achse der Welt. Diese Ikonographie konnte auf Maria mit dem Kind unter einem sternenbesäten Baldachin übertragen werden. Über Altären konnte sich ein Baldachin wölben – auch Ciborium genannt –, weil nach Ansicht der Liturgiekommentare auf den Altären das geschehe, was in Jerusalem, dem Mittelpunkt der Welt, zur Zeit Jesu geschehen sei: der Opfertod Jesu als kosmisches Ereignis. Als Erweiterungen der Ciborien über Taufbrunnen sind die frühchristlichen Baptisterien aufzufassen. Selbst die Kuppeln über den Becken für die Wasserweihe, die sogenannten Fialen, repräsentierten den Himmel; nach Anweisung des Malermönches Dionysios vom Athos mußten darin Sonne, Mond und Sterne eingemalt werden.

qñ septiã dicotomos p̄hibet. Alius ē q prius iterum adiectis uelut in arcu ap̄hi-
cos noīat. Cū uō .190. ptib' a sole distiterit regio posita ī pte ī fōri nob opposita
uīuuli' illuīet' tãq' .13. panselenos dr̄. Postea sīgla' desinēs cū pariis ptib' nouā iterū
recipit cōmemoratā. Velut in subiecta plei' sensu patescit figura. De quatuor

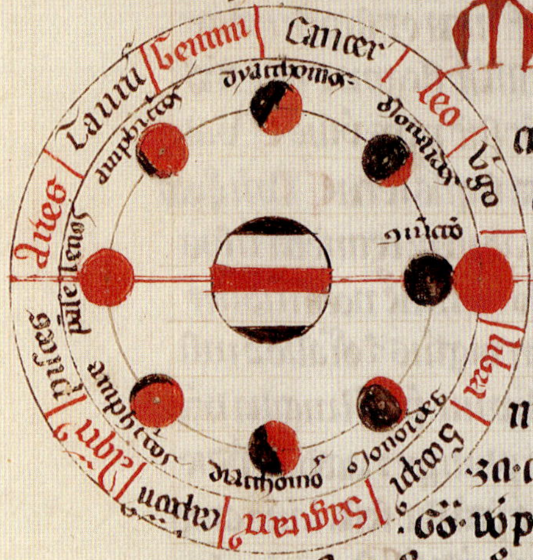

Mensium at lunarium ē triplex spēs mensibus lunaribus
Est ē mēsis pagrationis. mēsis appitionis. mēsis medi-
calis mēsis consecutionis. Primi ei est spatiū tpis q lunā circuitu zo-
diaci ex eodē aliquo puncto, pp̄ motū recedēs iterū ad
idē .vii. ex hi ī circulo signorū reuolutione an' ap'lib' min'
pat. Cui qd puicial p̄sto ēm sensū scire satagentib' ex
motu ipi' lune diurno cōnisan manapet. Est g'
mot lune diurn' .13. grad' .10. minuta .35. scda .48. ter-
.30. quarta .34. quīta et .60. sexta. Gradus quæ ē .360. ps circuli
cōs. uō ps gradus minutū. cōs ps minuti scdm. et sic deinceps. Si
itaq motu iste q' in seq'r ī suis ptib' a toto zodiaco ī serta redacta qntes potent
subtrahit exibit mēsis pagrationis .27. dierum et .7. horarum .43. minutorum .4. scdorum
.17. terciorū .14. quartorū et .25. quintorū. Erit g' mora mot' lune sub q'bz signorū duorū
dierū sex horarū et .39. minutorū. Siq's tñ uisis usq ad minuta distīt. eo
idē bisse hore oplete supponit. Vn mēsis pagrationis ex .27. dieb' hac cōstabit suppone
.7. .8. horis. Vn uersus. Peragit ad uigīti luna dieb'. Septenis q sui bis q'ntis
ī sr horis. Luna qd cū p sr noctib' dies cōputationis ei' a solis occasu incipe deb'
nob egō dier solis discernentib'. Secds uō mēsis ē appitionis constās ex .28.
dieb' p quatuor ebdas uulgarit distributas. Est pri' ē a pri' appitionis lune usq
ad eiem sepe' et ita deinceps .vii. quarta ebda ī .28. die termīat'. Hor' ei cōbustio. Sed
luna sub radiis solaribus morat' nō coputat'. Cui inmutatōis diuisiō tēpa ad nos
corporū fluidorū sicut medullar' cerebellorū ut q' apue mot' inmutat'. Vn uersus. Eb-
domada pma cōbit' estus unda. Estuat unda maris tãq feruore sda. Tercia agit
aq's minimi uelit igne reducto. Vlti' sidit eas ex acie littore toto. Est luna'
luna sinus ut ab' dextima tterua q nūc fecit. Sz ei luna meridianū tenēat ia ust'
sū prīcipi oppositiōis in angulo certe mare pleū est. Sū ī occi oriēte ul' occi-

dente·

Tafel 21

Die Mondmonate und Mondphasen.

Miniatur in der Schrift „De Sphaera" des Johannes de Sacrobosco. Frankreich, 13. Jahrhundert. Wien, Österreichische Nationalbibliothek, Cod. 2445, fol. 24v.

Zu den meistgelesenen Kosmographen des Mittelalters zählte Johannes de Sacrobosco (John of Holywood), ein in der ersten Hälfte des 13. Jahrhunderts lebender Gelehrter. Der aus England stammende Autor lebte seit etwa 1230 in Paris und verfaßte populäre Einführungen in die Astronomie, Arithmetik und Komputistik, die auch früh in die Nationalsprachen übersetzt wurden. Das Lehrbuch „De Sphaera" stützte sich weitgehend auf die arabische Astronomie, vor allem der Autoren al-Fargani und al-Battani. Besprochen wurden darin die Erdkugel, die Sphären, die Bewegung der Planeten und die Auf- und Untergänge der Sterne. Seit dem Hochmittelalter hatten die Übersetzungen griechischer und arabischer Texte ins Lateinische im Westen zu einer ungeheuren Vermehrung des Wissens geführt.

In der abgebildeten Miniaturseite aus einer französischen Handschrift der „Sphaera" des Johannes de Sacrobosco wird von den Mondmonaten gesprochen. Nach den modernen Messungen beträgt die Umlaufzeit des Mondes von Neumond zu Neumond 29 Tage, 12 Stunden, 44 Minuten und 2,9 Sekunden. Die Länge eines Mondjahres aus zwölf synodischen Monaten beträgt daher 354 Tage, 8 Stunden, 48 Minuten und 36 Sekunden. Da der Mond täglich gegen die Sonne zurückbleibt, tritt er täglich in die Nähe anderer Sterne, bis er nach 27 Tagen, 7 Stunden, 43 Minuten und 11 Sekunden – einem „siderischen Monat" – wieder mit demselben Stern kulminiert. Ein Mondtag, gebildet durch die tägliche scheinbare Umlaufzeit zwischen zwei Kulminationen im Ortsmeridian beträgt 24 Stunden, 50 Minuten und 28 Sekunden.

Tafel 22

Die Sphärenharmonie.

Kosmosbild aus einer chronologisch-astronomischen Sammelhandschrift. Salzburg, um 820. Wien, Österreichische Nationalbibliothek, Cod. 387, fol. 123r.

Bereits in das Altertum geht die Vorstellung von der himmlischen Musik der Planetensphären zurück. Nachdem die Bedeutung von Zahl und Rhythmus im Bereich der Himmelskörper entdeckt war, war der Weg nicht weit zur Konzeption, daß die Intervalle und Geschwindigkeiten der Planeten und der Fixsternsphäre musikalischen Intervallen und Schwingungen entsprächen, daß also die Himmelskörper eine astrale Musik erzeugten. Seit der Schule des Pythagoras gab es in Griechenland verschiedene Modelle der Planetenmusik; noch Ptolemaios hat im zweiten nachchristlichen Jahrhundert die Sphärenharmonie berechnet. Die christlichen Autoren nahmen die Idee auf. Gott wurde als der „archimusicus" gedacht, der auf der siebensaitigen Leier der Sternkreise spielt. Ergänzt wurde die Idee der Sphärenharmonie durch die Vorstellung vom Gesang der Engelschöre. Noch Nikolaus Kopernikus sah die Planeten an ihre Kristallsphären geheftet, die zusammen ihren Reigen um die Sonne vollführen. Und noch im Prolog zu Goethes Faust klingt das Motiv der Planetenmusik an.

Eine Miniatur in einer um 820 in Salzburg geschriebenen chronologisch-astronomischen Sammelhandschrift dokumentiert das Wissen um die Sphärenharmonie in karolingischer Zeit. Um die im Mittelpunkt des Kosmos ruhende Erde kreisen die Sphären von Mond, Merkur, Venus, Sonne, Mars, Jupiter und Saturn sowie der Fixsternhimmel. Mond und Sonne erscheinen sogar als Personen. Zu den Sphären sind die Tonintervalle beigeschrieben. Von der Erde zum Mond entspricht das Intervall einem Ganzton, vom Mond zum Merkur einem Halbton, ebenso vom Merkur zur Venus. Venus und Sonne stehen im Abstand von drei Halbtönen, Sonne und Mars im Abstand eines Tones, Mars und Jupiter in einem Halbton-Intervall, ebenso Jupiter und Saturn; vom Saturn zum Fixsternhimmel erstreckt sich ein Intervall von drei Tönen. Dieses Modell entspricht ziemlich genau dem zweiten pythagoreischen System, das nach den täglichen Umschwüngen der Himmelskörper und ihren Entfernungen von der Erde ausgerichtet war. Es entstehen dabei viele musikalische Intervalle. Von der Erde zur Sonne spannt sich eine Quinte, vom Mond zur Sonne eine Quarte; drei Quinten sind gebildet zwischen Mond und Mars, Merkur und Jupiter, Venus und Saturn, eine Quarte zwischen Venus und Mars. So entfaltet sich eine ganze Symphonie.

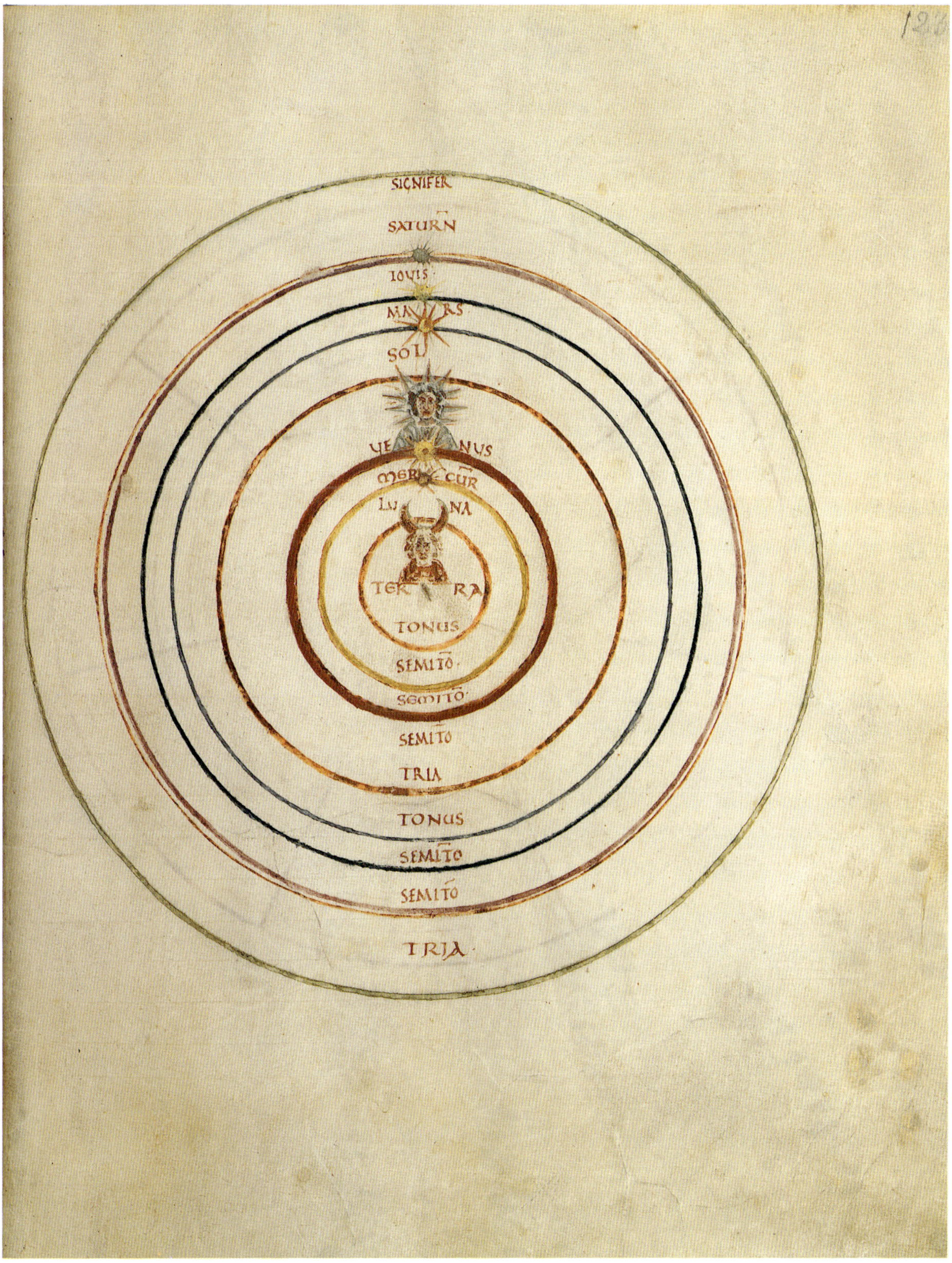
SIGNIFER
SATURN̄
IOVIS
MARS
SOL
VENUS
MERCUR̄
LUNA
TERRA
TONUS
SEMITŌ
SEMITŌ
SEMITO
TRIA
TONUS
SEMITO
SEMITŌ
TRIA

Iupiter habet in hac figura omnem habitu bone spei ad omne homine qui nascitur sub eo. Unde Birretum significat sciam et fortuna bone fame et spei de pace & securitate boni status. et q ht semp maz dimars Virga significat dignitate in diuitijs multa ut est plania ciuitis. Capitania Castelli. Mastruta significat uiam efficiendi Iudex. d'. legum et sapiens in bono / cirothece quas ht in manu significat consolatois uitam sibi et alijs. Bursa significat diuitias tpales. et qui natus erit in eo semp erit diues. nec deficient sibi diuitie. nec cadet i guerra et q ex suo aspectu amabitur ab omni psona in omni gradu sue etatis donec vixerit /

Mars ht in sua figura habitum male spei de uno quoq ad omnem hominem qui nascitur sub eo. Unde amore significat q fortuna sibi rider / et parata sibi condere bonu uolenti esse bono et pacifico. et q sup se ht Iouem qui sibi promittit bonu que dum possit ee bonus et nolit ipm oportet uti armis omnibus q ad nocendu alterj. et in sui defensione / et ideo arma q ht hac figura nuntiat de illa guerra malitiam / potentiam furorem &c

Quare natus sub eo prout sut arma est ei similis bonitate pauca et malicia multa /

Sic figuratur Mercurius ht faciem mediocrem i or capillos rufos et parum ricios. clamidem ad colum et in circuitu et virgam duplicis ramj absq frondibus et libru clausum i manu honeste itiens saturni in sede colloquij /

Mercurius exaltatur i virgine xxv deicitur i piscibus xv.

Tafel 23

Merkur und Venus.

Miniatur in: Hyginus, Astronomicon, bearbeitet von Michael Scotus. Venezianische Handschrift, um 1470.
Wien, Österreichische Nationalbibliothek, Cod. 3394, fol. 235v.

Die Gleichung der Namen der Planeten mit griechischen Göttern fand wohl im 4. Jahrhundert v. Chr. endgültig statt. Die Griechen hatten die orientalische Astronomie übernommen und mußten sie an ihren Kulturkreis anpassen; dazu gehörte auch die neue Benennung der Himmelskörper und der Sternbilder. Später drangen die Planeten- bzw. Götternamen auch in den Kalender ein, als jedem Tag ein Regent beigesellt wurde und dergestalt die astrologische Planetenwoche entstand; sogar das Christentum hat – von Ausnahmen im Griechischen und Portugiesischen abgesehen – die Namen der Götter Luna, Mars, Mercurius, Jupiter, Venus, Saturnus und Sol für die Bezeichnung der Wochentage übernommen.

Michael Scotus († um 1235), in Spanien und Sizilien tätig, zuletzt Hofastronom Kaiser Friedrichs II., schuf ein Kompendium der Astronomie, in dem er unter Verwendung des hellenistischen Lehrgedichtes „Phainomena" des Aratos, römischer Werke und orientalischer Traditionen 48 Fixsterne und sieben Planeten beschrieb. Die Miniatur in einer venezianischen Handschrift des Astronomicon, die um 1470 geschrieben und illuminiert wurde, bringt in feiner lavierter Federzeichnung die Bilder der 48 Sternkonfigurationen und der sieben Planeten. Das aufgeschlagene Blatt zeigt unter dem Text die Zeichnungen von Venus und Merkur. Venus trägt zwei Blütenstäbe, Merkur ein Buch und einen doppelten Stab.

Tafel 24

Venus.

Zeichnung „Der Planet Venus", um 1420.
Dresden, Staatliche Kunstsammlungen, Kupferstichkabinett.

Im Umkreis des Herzogs von Berry dürften einige Zeichnungen entstanden sein, die jeweils auf Vorder- und Rückseite ein Planetenbild zeigen. Das abgebildete Blatt, das um 1420 geschaffen wurde, stellt die Göttin Venus im Wasser stehend dar, was wohl auf ihre Geburt aus dem Meere in der Nähe von Zypern hindeutet. Um sie bewegen sich drei weitere weibliche Gestalten, die als Charitinnen aufzufassen sein dürften. Am Ufer der Insel steht der Liebesgott Eros (Amor) in modischer zeitgenössischer Tracht mit verbundenen Augen; er hat einen Pfeil auf eine die Harfe spielende Frauengestalt abgeschossen, die oberhalb der Hauptszene in einem Medaillon dargestellt erscheint. Das Bild der Venus ist frei von Eintragungen; auf den anderen zugehörigen Zeichnungen sind jedoch der vom betreffenden Planeten regierte Wochentag und das seinem Einfluß unterworfene Metall angeführt.

Tafel 25

Mars.

Marmorstatue des Mars. Rom, um 90 n. Chr.
Rom, Museo Capitolino, Inv.-Nr. 58.

Der Planet Mars mag ob seiner rötlich schimmernden, an Eisen und Blut gemahnenden Farbe den Namen des Kriegsgottes (griechisch Ares, lateinisch Mars) erhalten haben. Der griechische Ares, dessen Name soviel wie „Schädiger" oder „Rächer" bedeutet, war eigentlich nur ein Dämon des Kampfes, ein Gott des verheerenden Angriffskrieges. Der italische Bauerngott Mars, zu dem man um gedeihliches Wachstum in Feld und Stall betete, wurde in Rom zum Kriegsgott und mit Ares gleichgesetzt. Vielleicht war er ursprünglich Gott des Todes und der Unterwelt. Neben Jupiter und Quirinus wurde Mars der wichtigste Nationalgott, der dem aufstrebenden Rom den Sieg verlieh und den Staat schützte. Nach dem Gott Mars wurde der Monat Martius, der heutige März, benannt. In der astrologischen Planetenwoche der Kaiserzeit erhielt der Mars-Tag, der heutige Dienstag, den Platz nach dem Mond-Tag und vor dem Merkur-Tag.

Die kolossale Statue des Mars wurde im 16. Jahrhundert auf dem Nerva-Forum in Rom gefunden. Das Bild des väterlich milde erscheinenden Mars stand wohl als Kultbild mit anderen Götterfiguren im Minervatempel des Nerva-Forums. Es handelt sich um eine um 90 n. Chr. angefertigte römische Schöpfung ohne direkte griechische Vorbilder; der Prototyp der Statue dürfte in der Zeit des Kaisers Augustus geschaffen worden sein.

venus
Mars
Saturnus
libros
teodosi

Tafel 26

Astrologen und Astronomen.

Deutsches Losbuch in Reimpaaren. Westliches Mitteldeutschland, 14. Jahrhundert.
Wien, Österreichische Nationalbibliothek, Cod. Ser. nov. 2652, fol. 2r.

Die enge Verflechtung von Astronomie und Astrologie dokumentiert die Verbindung mythologischer Wurzeln der Wissenschaft mit rationaler Denkweise. Noch die meisten gebildeten Menschen des Mittelalters glaubten mehr oder weniger daran, daß die Himmelskörper Einfluß auf die irdischen Geschehnisse hätten. Man sah „Chaldäer" und „Ägypter" als Erfinder der Astrologie an, um der Kunst ein möglichst hohes Alter zubilligen zu können. Noch manche berühmte Gestalt des Altertums wurde im abergläubischen Mittelalter zum Zauberer oder Propheten; man denke etwa an Vergil oder Seneca. Ab dem 12. Jahrhundert brach eine Fülle arabischen Wissens in das Abendland ein; Literatur, Kunst, Wissenschaft wurden von astrologischen Elementen durchdrungen.

Das Losbuch in Reimpaaren, aus dem die gegenüberliegende Miniatur entnommen ist, stellt ein treffliches Denkmal volkstümlicher deutscher Astrologie dar. Als Bildprooimion dienen zwei Malereien mit je zwölf Astrologen. Auf Blatt 1r sind zwölf heidnische Astrologen bei der Betrachtung der sieben Planeten am Himmel dargestellt; die Beischriften nennen die Namen Librios, Nacharel, Vergilius, Nabor, Seneca, Zatoris, Alauo, Theodosi(us), Ismahel, Putivar, Gedeon und Aristoteles. Linien zwischen Planeten und Sterndeutern versinnbildlichen die mikrokosmischen und makrokosmischen Zusammenhänge. Dieser Gruppe entspricht auf Blatt 2v eine Schar jüdischer Astrologen und Propheten; genannt sind Salomon, Joseph, Balaam, Josaphat, David, Abraham, Ezechiel, Isaac, Aaron und Josabel.

Tafel 27a

Jupiter.

Tafel 27b

Saturn.

Miniaturen in einem Sternkatalog. Prachthandschrift der Wenzelswerkstätte in Prag, 1392/93. Wien, Österreichische Nationalbibliothek, Cod. 2352, fol. 27v bzw. 27r.

Jupiter war der lateinische Name des indogermanischen Licht- und Himmelsgottes, vergleichbar mit dem griechischen Zeus. Er war der Gott des Tageshimmels, aber auch des nächtlichen Lichtes; er sandte Blitz und Donner, war Schirmherr von Recht und Sitte und Schwurgott. Als Jupiter Optimus Maximus war er in geschichtlicher Zeit der Hauptgott Roms, der zusammen mit Juno und Minerva auf dem Kapitolinischen Hügel verehrt wurde. Nach Jupiter benannten die Römer den zweithellsten Planeten des Sonnensystems. In der astrologischen Planetenwoche ist dem Jupiter der fünfte Tag, der moderne Donnerstag, gewidmet.

Saturnus war römischer Gott des Ackerbaues, der Obst- und Weinkultur. Er wurde dem griechischen Kronos gleichgesetzt. Unter seiner Herrschaft soll es ein glückliches goldenes Zeitalter gegeben haben. Kronos, der seinen Vater Uranos gestürzt hatte, verschlang seine Kinder, um einem ähnlichen Schicksal zu entgehen. Doch Zeus, durch die List seiner Mutter Rhea gerettet, bezwang den Vater und beraubte ihn seiner Herrschaft. Dahinter stehen altorientalische Göttermythen von der Aufeinanderfolge mehrerer Göttergenerationen. Jüngeren Datums ist die Vorstellung von Kronos/Saturn als Herrscher in den Gefilden der Seligen. Die Bezeichnung des äußersten der im Altertum bekannten Planeten findet sich zuerst bei Aristoteles; die Römer übernahmen dafür den Namen Saturn. In der astrologischen Planetenwoche ist dem Saturn der letzte Tag geweiht, der heutige Samstag. Letztere Bezeichnung rührt vom hebräischen Sabbat her; im englischen saturday hat sich der alte Göttername noch erhalten.

In der Schreib- und Malschule König Wenzels IV. von Böhmen wurde zu Ende des 14. Jahrhunderts eine große Anzahl von Prachthandschriften hergestellt. Zu ihnen gehört auch Cod. 2352 der Österreichischen Nationalbibliothek, der einen Sternkatalog und die Alfonsinischen Tafeln überliefert. Das Verzeichnis der 48 Sternbilder und der sieben Planeten (die in den Miniaturen als Könige abgebildet sind) geht auf Michael Scotus zurück, der nach einer Übersetzertätigkeit in Spanien am Hofe Kaiser Friedrichs II. in Sizilien wirkte, wo er um 1235 starb. Die erste der beiden publizierten Miniaturen zeigt Jupiter als König, mit Lilienszepter und Rose in Händen, vor einer gedeckten Tafel sitzend. Auf der zweiten Miniatur wird Saturn als stehender alter, aber wehrhafter Mann dargestellt; er trägt eine gestielte Sichel und ist mit Helm und Schwert bewaffnet.

dños legum ⁊ iudices ⁊ diuites · figuratur aũt in omni bono hitu
vt significet bonam spem ⁊ fortunam in omnibꝫ bonis quam tri
buit natis sub eo · Nam birretum signat scienciam ⁊ bonã famã
⁊ pacem ⁊ bonum statum ⁊ vitam diuiciarum · Virga signat digni
tatem in multis diuicijs ut cum potestate ciuitatis uel capitanĩ
ne castri · Mansitata signat vitam qua fiet iudex uel dñs legũ
⁊ sapiens in bono · Cyrotece quas hẽt in manu signant vitam cõ
solacionis ⁊ sibi talis · Bursa signat diuicias temporales ⁊ q natꝰ
sub eo numquam deficient diuicie neqꝫ cadet in guerram ⁊ quod ex suo
aspectu amabitur ab omni psona in oĩ gradu sue etatis dum vixit

Sic figuratur iupiter habet faciem pinguem ⁊
bene compositam in omni ⁊ conuenienter co
loratam ⁊ similem homini eo · annorum ha
bentis capillos flauos barbam paruam curtam
postquam fuit abrasa birretum ⁊ infulam in ca

pite galerum ad spallas
cyrotecas in manibꝫ anu
los cum gemmis ĩ digitis
bursam ⁊ cetera ad cincturã
vestes ut iudicis de pallio
fixatas lylium in manu
rosam in alia ⁊ manet ho
nestus inuicem martem ·

Mars figuratur iuuenis q̃a
sicut iuuenis ⁊ fortis velociter
complet cursum suum ita ⁊
mars quia in duobꝫ annis ꝯplet cursum suum ⁊ signat audaces
⁊ saltantes ⁊ iratos ⁊ violentos ⁊ maleficos ⁊ opa armorum ⁊ incen
dia ⁊ persecutiones ⁊ vigilantes latrones macellatores ⁊ signat homĩeꝫ
qui nascitur sub eo esse male spei in vnoquoqꝫ · Cymera eius signat q
fortuna sibi ridet ⁊ parata est sibi concedere bonum volenti esse bono et
pacifico ⁊ qd̃ sup̃ se hẽt iouem qui promittit sibi bonum ⁊ dum posset ẽẽ

Si queratur quare saturnus figuratur senex dicendum q causa huius est
quia sicut senex est debilis ⁊ tardus in cursu ita saturnus multum tardat ꝯ
plere cursum signorum Et signat senes ⁊ rusticos nigros ⁊ omne graue
Falx saturni signat vigorem in accipiendo omne bonũ fortune ab eo q
nascitur sub eo ut secet omnia que inuenit ⁊ tollat de collo proprio · Helmus
signat dñm frigiditatis ⁊ qd̃ sup̃ saturnũ non est planeta quo q natus sub
eo hẽat spem alicuius bone fortune · Veranitas saturni signat continuam
aduersitatem in vnoquoqꝫ · Spata signat guerram non causa acquisicionis
sed defensionis ne bonũ in alio sibi adueniat · Sticium signat ut natus
sub eo hẽat quedam · quisqꝫ videatur hẽre maiorem potenciam quam hẽat
⁊ vt possit multa facere que nõ potest · Barba longa signat aliquid ho
nestatis · Et est dicendum q hec figura nullum signum bone fortune
hẽt in se qd̃ det nato sub eo · Saturnus facit rusticos laboratores paupes
sine sciencia ⁊ dat artem fatigabilem sine magna sciencia ⁊ sine subtilita
te sciencie

Sic figuratur
saturnus nã
habet faciẽ
longam et
macram ac

deformem ut senex fron
tem caluam capillos ca
nos barbam longam ves
tem sanguineam falcem
in manu gladiũ ad cinc
turam scutum ad brach
ium galeam in capite semp guerram faciens Joui et
marti nescius socio tocio

Iupiter figuratur planeta senex quam iuuenis quia differt complere
cursum suum scilꝫ 12 · annis ⁊ signat discretos ⁊ temperatos in bonis
actibꝫ ⁊ pingues ⁊ sanguineos ⁊ clericos nobiles ⁊ prelatos vt
papam cardinales epos ⁊ alios plātos int clericos · Et int laycos

Cranucx e capricornius quex fay
Quel soleilh pl(us) avan no vay
Quar en lo cranc senes dubtar
Es al plus aut q̊ pot mōtar
Mas el capricorn trobaras
Que no pot dissēdre plus bas
Pso pausam sol estanc
En capricornius et en cranc
En lo cranc se fay estivals
En lo capricorn iuernals
Dōlo cranucx fay los iorns maiors
El capricornius los menors
Mas larēs e la balansa

Fan de nueg ab iorn egāsa
Quar sō avtā luenh del artic
Pezilhar quo del antartic
Pla dauā dicha razo
Lhi dig .iiij. signe dig so
Li .iiij. signe cardenal
En la sciencia natural
Dels signes mielh q̄ may sap
Quezilh en las ꝓprietat
Quezā fan .iiij. ternaris
Aret leos sagittaris
Sō de calor secca quascus
Taurs vergis e capricornus
Sō freg e sec ses dubtansa

37r

Tafel 28

Der Tierkreis.

Matfre Ermengaud: Breviari d'amor. Toulouse 1354.
Wien, Österreichische Nationalbibliothek, Cod. 2563, fol. 37v.

Die Zusammenstellung von Fixsternen zu Sternbildern reicht in die Frühzeit menschlicher Beobachtung des Firmaments zurück. Umrißlinien wurden in die verstreuten Sterne hineingesehen, und so entstanden Sternbilder, die zugleich ein Spiegelbild irdischer Verhältnisse sein konnten; Sagen und Mythen bildeten sich, um den Platz der Konfigurationen am Himmel zu begründen. In der griechischen Sternbildtradition, die von den Römern und vom Mittelalter übernommen wurde, mischen sich mesopotamische, ägyptische und ägäische Elemente. Spätestens im 4. Jahrhundert v. Chr. waren die griechischen Sternbilder geprägt.

Aus dem Fixsternhimmel griff man den Tierkreis oder Zodiakos heraus, durch dessen Bilder die Sonne im Jahr durchlief. Es sind dies die Sternbilder Widder, Stier, Zwillinge, Krebs, Löwe, Jungfrau, Waage, Skorpion, Schütze, Steinbock, Wassermann und Fische. Die Ekliptik ist die scheinbare Bahn der Sonne um die Erde; sie schneidet die Äquatorialebene unter einem Winkel von derzeit 23° 27′. Der Tierkreis ist eine Zone beiderseits der Ekliptik von etwa 16° Breite, innerhalb der sich Sonne, Mond und Planeten in ihren scheinbaren Bahnen bewegen. Der Tierkreis wird eingeteilt in zwölf Sternbilder und zwölf gleichnamige Zeichen von je 30° Länge. Infolge der Schwankung der Erdachse fallen aber Tierkreisbilder und Tierkreiszeichen heute nicht mehr zusammen. Der Tierkreis diente in erster Linie der Zeitmessung und der Festlegung eines Jahreskalenders, wurde aber auch in die Astrologie einbezogen.

Das Breviari d'amor des provençalischen Dichters Matfre Ermengaud stellt eine Enzyklopädie des religiösen, philosophischen und naturwissenschaftlichen Denkens der Zeit um 1300 dar. Gott, die Natur, der Mensch, Ethik und Recht, Heilsgeschichte und Eschatologie sind die Hauptkapitel. Im Rahmen astronomischen und astrologischen Wissens wird auch der Tierkreis besprochen und in einer eindrucksvollen Miniatur abgebildet. Im Text sind auch astrologische Gegebenheiten des Zodiakos behandelt. Das Bild muß uralte Traditionen verwertet haben; so ist etwa der Steinbock wie in Babylon als „Ziegenfisch" dargestellt; auch die Reihenfolge der Bilder ist nicht die kanonische.

Tafel 29

Zodiakos und Monatsbilder.

Reliefs des Tympanon über dem Hauptportal der Kathedrale Ste. Madeleine in Vézelay (Frankreich), um 1130.

Die Cluniazenserabtei Ste. Madeleine wurde durch den Besitz der Reliquien der hl. Maria Magdalena, der Schwester des hl. Lazarus, dessen Reliquien in Autun verwahrt wurden, berühmt. So entstanden in beiden Zentren Burgunds nahezu gleichzeitig großangelegte Kirchenbauten mit reichem Schmuck. Das Hauptportal in der Vorhalle in Vézelay zeigt überquellende Reliefplastik. Die zentrale Szene veranschaulicht die Aussendung der Apostel; sie stehen und gehen beiderseits der überragenden Gestalt Christi; von den Händen des Herrn gehen Lichtstrahlen auf die Häupter der Apostel aus. Auf dem Türsturz und in den Feldern am Außenrand des Tympanons sind zahlreiche Stämme der Erde dargestellt, denen das Evangelium gebracht werden soll; Juden, Kappadokier, Araber, indische Kynokephalen, Äthiopier, Phrygier, Byzantiner, Armenier, Römer, Skythen, Makrobier, Pygmäen und Panotier werden versinnbildlicht, wobei also historische und fabulöse Völker vermengt sind. Kosmischen Charakter erhält die Darstellung durch die Wiedergabe der Sternzeichen des Tierkreises und der Monatsarbeiten in der Bogenlaibung. 29 Medaillons alternieren mit astronomischen und chronologischen Darstellungen. Die Reihenfolge hat folgende Zusammensetzung. Jänner: Ein Bauer schneidet Brot; Wassermann. Februar: Ein Mann wärmt sich; Fische. März: Ein Winzer stutzt Reben; Widder. April: Ein Ziegenhirt; Stier. Mai: Ein Krieger; der Frühling; Zwillinge. Juni: Ein Schnitter; Krebs; ein Hund, ein Seiltänzer, eine Sirene. Juli: erntender Bauer; Löwe. August: dreschender Bauer; Jungfrau. September: Ein Bauer füllt Korn in einen Kasten; Waage. Oktober: Winzer; Skorpion. November: Ein Bauer schlachtet ein Schwein; Schütze. Dezember: Ein Mann trägt eine alte Frau auf den Schultern; Steinbock; Bauer mit Weinbecher, Umschrift: omnibus membris designat imago decembris. Auf diese Weise wird gegenüber dem fließenden irdischen Geschehen die Zeitlosigkeit der Sterne veranschaulicht. Das komplexe Werk dürfte nach einem Vorbild aus der Buchmalerei geschaffen worden sein. Mit den Skulpturen in Moissac und Autun erreicht die Relieffolge die höchste Stufe romanischer Plastikkunst.

Tafel 30

Die Sonne.

Kalenderbild des August aus den „Très Riches Heures" des Herzogs von Berry.
Frankreich, um 1410.
Chantilly, Musée Condé, Ms. 65, fol. 8v.

Mittelalterliche Stundenbücher, die der Andacht der Laien dienten, werden regelmäßig von einem Kalender einbegleitet, der vielfach auch mit Bildern ausgestattet sein konnte, seien es die monatlichen Arbeiten der Bauern, Bilder von Heiligen oder Sternzeichen. Die „Très Riches Heures" des bibliophilen Jean, Duc de Berry († 1416), zählen zu den kostbarsten Stundenbüchern des 15. Jahrhunderts. Den Höhepunkt der an italienischen Vorbildern orientierten französischen Buchmalerei des beginnenden 15. Jahrhunderts bildet die Tätigkeit der Brüder Pol, Jan und Hermann de Limbourg, die seit 1411 für den Herzog arbeiteten. Die Kalenderbilder der „Très Riches Heures" sind an den Hof und in die Landschaft des Herzogs versetzt. Das Monatsbild des August zeigt im Tympanon die beiden Tierkreiszeichen des Löwen und der Jungfrau, durch die die Sonne im August durchwandert. Im inneren Halbkreis thront der Sonnengott auf seinem von geflügelten Pferden gezogenen Wagen und hält die Sonne in den Händen. Im Vordergrund des Hauptbildes ist der Ausritt zu einer mittelalterlichen Falkenjagd dargestellt. Im oberen Teil des Bildes sind Bauern bei der Getreideernte beschäftigt. Das Schloß im Hintergrund ist das Schloß von Étampes, das Jean de Berry 1410 Karl von Orléans zur Verfügung stellte. Die fünf adeligen Personen im Vordergrund sind vielleicht Bonne von Armagnac, Karl von Orléans, Jean de Berry und der Herzog und die Herzogin von Alençon.

Die Sphärenharmonie der Planeten

Zu uralten Vorstellungen der Menschheit zählt die Idee der Harmonie des Weltalls, die Konzeption vom Einklang der himmlischen Sphären und der Bedeutung von Zahl und Rhythmus im astralen Bereich. Schon die Babylonier schrieben der Zahl Sechzig, die aus der Beobachtung des Sonnenkreises abgeleitet war, eine grundlegende Bedeutung zu. Die Zahl Sieben formte die siebentägige Mondperiode, die Vier charakterisierte die Ausdehnung der Erde in die vier Himmelsrichtungen; die Drei symbolisierte die Vollkommenheit des Wesens und lebt daher in zahllosen Göttertriaden bis hin zur christlichen Dreifaltigkeit weiter. Schon der Verfasser des alttestamentlichen Buches der Weisheit spricht über die Tätigkeit Gottes, des Weltschöpfers: „Aber du hast alles nach Maß, Zahl und Gewicht geordnet" (Sap. 11, 21: sed omnia in mensura, et numero, et pondere disposuisti). Das im sichtbaren Bereich des Kosmos Erfahrene wurde mit Hilfe der Analogie auf die Gestirne übertragen. Der orientalische Gedanke des musikalischen Weltenklanges dürfte im 8. Jahrhundert v. Chr. zu den Griechen gelangt sein. Die Überlieferung besagt, daß Terpandros, der 675 v. Chr. in Sparta als Kitharaspieler einen Sieg errang, der Erfinder der siebensaitigen Leier, des Heptachords, gewesen sei. Diese Leier sei das irdische Abbild der Harmonie der sieben himmlischen Sphären. Auf Pythagoras (570/60–480 v. Chr.) geht die wissenschaftliche Begründung der Lehre von der Sphärenharmonie zurück. Pythagoras und seine Schüler hielten die Musik und die Beschäftigung mit Philosophie und Wissenschaft als die höchste Form der Reinigung der Seele. Es waren also ursprünglich religiöse Gründe, die die Pythagoreer zu Philosophen und Forschern werden ließen. Damit aber wurden sie zu Begründern der Mathematik, der Astronomie, der Musiklehre und der Psychologie; selbst Medizin und Theologie empfingen nachhaltige Anregungen aus dem Kreise der Pythagoreer. So erkannte man folgende Sätze der Harmonielehre: 1. Jedem Ton entspricht eine Zahl, gleich hohen Tönen entsprechend gleiche Zahlen, verschiedenen ungleiche. 2. Gleichen Intervallen entsprechen gleiche Zahlenverhältnisse. 3. Symphonen Intervallen entsprechen überteilige (w + 1): w oder vielfache w : 1-Verhältnisse. Pythagoras fand für die Intervalle der Oktave, Quinte und Quarte die Proportionen 2 : 1, 3 : 2 und 4 : 3. Für ihn waren nur diese Intervalle „symphon", bei denen die Töne für unser Gehör ganz verschmelzen. Die vier Zahlen der drei Proportionen der symphonen Intervalle bildeten die berühmte pythagoreische Tetraktys 1 + 2 + 3 + 4 = 10, „welche die Quelle und die Wurzel der ewigen Natur enthält". Nun konnten die Pythagoreer darangehen, die Himmelsharmonie zu erfassen. Aus den Beziehungen der Entfernungen und Schnelligkeiten der Himmelskörper sollten die Proportionen der Intervalle der Himmelsmusik errechnet werden. Das Weltbild der Pythagoreer beruhte auf geometrischen Konzeptionen. Da Kreis und Kugel die vollkommensten Gebilde waren, mußten sie auch dem Weltbild zugrunde liegen. Freilich besaßen die Pythagoreer mehrere astronomische Systeme. Nach dem einen ruhte die kugelförmige Erde im Mittelpunkt des Komos; um sie vollführen die sieben Himmelskörper gleichförmige, kreisförmige Bewegungen; ebenfalls um die Erde dreht sich der Fixsternhimmel nach rechts; die sieben Planeten machen diese tägliche Rotation neben ihrer nach links gerichteten Kreisbewegung mit. Der Pythagoreer Philolaos lehrte später, daß sich die Erde mit einer „Gegenerde" und den anderen Himmelskörpern um ein Zentralfeuer drehe; damit war ein erster Schritt zum kopernikanischen System getan. Hiketas und Ekphantos lehrten, daß sich die Erde in der Mitte des Weltalls um ihre eigene Achse drehe. Daher entwickelten die Pythagoreer und ihre Nachfolger denn auch verschiedene Modelle der Planetenharmonie, die sich voneinander in der Reihenfolge der Himmelskörper und mitunter in der Zahl der Sphären unterschieden.

Wohl im 4. Jahrhundert v. Chr. wurden die Planetennamen der Orientalen mit griechischen Göttern gleichgesetzt. Das älteste pythagoreische Modell hat wohl die Reihenfolge Mond, Venus, Merkur, Sonne, Mars, Jupiter und Saturn besessen; diese Reihenfolge orientierte sich sichtlich an der Geschwindigkeit der Eigenbewegung der Planeten; nur Merkur hätte dabei vor der Venus stehen sollen, was später denn auch korrigiert werden sollte. Die mit dem ältesten Modell verbundene Tonfolge hat der Neupythagoreer Nikomachos von Gerasa im zweiten nachchristlichen Jahrhundert überliefert. Sie lautet wie folgt:

Himmelskörper	Intervall	Ton	Saitenbenennung
Mond		d′	Nete (Unterste)
	1 (Ganzton)		
Venus		c′	Paranete (Nächstunterste)
	1 (Ganzton)		
Merkur		b	Paramese (Nächstmittlere)
	½ (Halbton)		
Sonne		a	Mese (Mittlere)
	1 (Ganzton)		
Mars		g	Hypermese (Über der Mittleren)
	1 (Ganzton)		
Jupiter		f	Parhypate (Nächsthöchste)
	½ (Halbton)		
Saturn		e	Hypate (Höchste)

Die unterste Sphäre des Mondes war in Analogie gesetzt zur untersten Saite der Leier, der Nete, die auch den höchsten Ton erzeugt; denn der Mond hat innerhalb der Planeten die höchste Eigengeschwindigkeit, die höchste Schwingungszahl und kürzeste Bahn. Die Pythagoreer dachten die Planetenbahnen als zum Kreis gebogene Saiten; je größer die Umlaufbahn des Planeten war, desto tiefer mußte der Ton sein. Deshalb kam auch dem Saturn ob seines am meisten von der Erde entfernten Kreises der tiefste Ton zu. Die Sonne in der Mitte bildet auch zwei Quarten mit den beiden Ecktönen, die Quarte a – d′ mit dem Mond und die Quarte a – c mit dem Saturn. Auch zwischen Venus und Mars und zwischen Merkur und Jupiter sind Quarten gegeben. Zwischen Mond und Mars, Venus und Jupiter, Merkur und Saturn erklingt eine Quinte.

War das eben erwähnte System der Sphärenharmonie an der Eigengeschwindigkeit der Planeten orientiert, so existierte ein zweites pythagoreisches System, das nach den täglichen Umschwüngen der Himmelskörper um die Erde und ihren Entfernungen von der Erde ausgerichtet war. Man ging von der Annahme aus, daß die erdnahen Planeten wie Mond, Merkur, Venus und Sonne für die Umkreisung der Erde in 24 Stunden eine geringere Geschwindigkeit benötigten als die erdfernen Planeten Jupiter und Saturn und der Fixsternhimmel. Daher wäre der Ton desto höher, je schneller die Bewegung und daher je rascher die Schwingungen wären. Deshalb schrieb man dem Mond den tiefsten Ton, dem Fixsternhimmel den höchsten Ton zu. Dieses System paßte auch besser zur religiösen Vorstellung des Aufstieges von der grobstofflichen Sphäre zu den vergeistigten Himmelssphären bzw. dem Abfall der Seele aus der Welt der lichten Klänge in den Bereich des Leibes und der dumpfen Klänge. Freilich gründete das zweite System der Planetenharmonie auf rein spekulativ angenommenen Entfernungsangaben, die nicht mit der Realität übereinstimmten; man bildete die Entfernung aus 63.000 Stadien oder einem Vielfachen dieser Zahl. Das System überlieferten Alexandros Lychnos (1. Jh. v. Chr.), Theon von Smyrna (1. Jh.–1. Hälfte 2. Jh. n. Chr.), Censorinus (3. Jh. n. Chr.), Favorinus Eulogius (um 400 n. Chr.), in variierter Form auch Plinius der Ältere († 79 n. Chr.). Das System lautet wie folgt:

Himmelssphäre	Entfernung in Stadien vom vorhergehenden Planeten	Intervall	Ton	Saitenbenennung
Erde			d	Hyperhypate
		1 (Ganzton)		
Mond	126.000		e	Hypate
		½ (Halbton)		
Merkur	63.000		f	Parhypate
		½ (Halbton)		
Venus	63.000		ges	Lichanos chromatike
		1½ (Anderthalbton)		
Sonne	189.000		a	Mese
		1 (Ganzton)		
Mars	126.000		h	Paramese
		½ (Halbton)		
Jupiter	63.000		c′	Trite diezeugmenon
		½ (Halbton)		
Saturn	63.000		des′	Paranete chromatike
		½ (Halbton)		
Fixsterne	63.000		d′	Nete synemmenon
	756.000	6 Ganztöne		

Die Neunzahl der Glieder ermöglichte eine Verknüpfung der Himmelskörper mit den neun Musen, wie dies im 5. Jahrhundert n. Chr. Martianus Capella überliefert. Die neunteilige Tonleiter umfaßt sechs Ganztöne, also eine volle Oktave. Von der Erde zur Sonne spannt sich eine Quinte, von der Sonne zu den Fixsternen eine Quarte. Der Mond ist von der Sonne eine Quarte entfernt; drei Quinten sind gebildet zwischen Mond und Mars, Merkur und Jupiter, Venus und Saturn, eine Quarte zwischen Venus und Mars. So enthält das System eine Symphonie der Oktav mit drei Quarten und vier Quinten. Die Welt wurde auch als Musikinstrument Gottes aufgefaßt. Die pythagoreische Anschauung gipfelte in einer grandiosen Vision: das Auge des Geistes erkennt visionär den Zusammenhang des Alls; der Schöpfer hält das Geschaffene mittels der Proportionen der Zahl; in der Seele des Menschen herrschen eben dieselben Proportionen, da sich die kosmische Harmonie in der Seele widerspiegelt.

Auch für Platon († 348/7 v. Chr.) war der Kosmos durch Zahlenverhältnisse bestimmt. In der mythischen Erzählung des Er im Dialog „Politeia" hören wir von acht Sphären des Alls, die die Göttin der Notwendigkeit Ananke in Bewegung hält, und in denen die Sirenen ihre Stimmen erschallen lassen. Im „Timaios" entwirft Platon ein Bild der Weltschöpfung; der innere Zusammenhalt des Kosmos ist durch Zahlenverhältnisse bestimmt; Platons Planetentheorie umfaßt 28½ Töne, also vier Oktaven (24 Ganztöne) und eine große Sexte (4½ Töne). Der höchste Ton (fis'''') wurde dem Mond, der tiefste (A) dem Saturn zugeteilt. Zwischen Mond und Sonne, Sonne und Merkur und Merkur und Mars ergeben sich Oktaven; zwischen Sonne und Venus steht eine Quinte, zwischen Venus und Merkur eine Quarte. Jupiter und Saturn sind durch Oktav + Quinte getrennt; nur zwischen Jupiter und Mars besteht das dissonierende Verhältnis eines Ganztones (Sekunde).

Aristoteles († 322 v. Chr.) suchte die Glaubwürdigkeit der hörbaren Sphärenharmonie zu widerlegen. Doch wurde dabei verkannt, daß es sich nicht um ein physikalisches Phänomen, sondern ein symbolhaft-geistiges handelt. Die Idee der „verborgenen Harmonie" blieb in Antike und Mittelalter ungebrochen bestehen. Eine schöne Darstellung der Vision der Harmonie der Sphären liefert Cicero (43 v. Chr.) in seinem „Somnium Scipionis", dem „Traum des Scipio". Der jüdisch-hellenistische Religionsphilosoph Philon von Alexandreia († um 40/50 n. Chr.) beschreibt feierlich die Harmonie der Sphären. Selbst im siebenarmigen Leuchter des jüdischen Kultes erblickte er ein Symbol des himmlichen Reigens der Planeten. Tatsächlich dürfte der Leuchter einen kosmischen Baum bedeuten, der die sieben Planeten trägt. Bei Philon taucht erstmals der später von den Christen abgewandelte Satz auf, daß die Himmel Gott ebenso lobpreisen, wie es auf Erden die Menschen mit ihren Hymnen und Gesängen tun.

Der große Astronom Klaudios Ptolemaios († nach 161 n. Chr.), auf den die letzte Synthese der antiken Astronomie zurückgeht, die auch das gesamte Mittelalter beherrschen sollte, ließ im ägyptischen Kanobos eine Inschriftentafel aufstellen, auf der wichtige astronomische Zahlen eingemeißelt waren, darunter auch die „Kanobos-Tonleiter" der Sphärenharmonie, die auf den Bereich der Elemente ausgeweitet wurde. Das System lautet wie folgt:

Bezeichnung	Zahl	Ton	Saitenbenennung
Fixsternsphäre	36	h′	Mese hyperbolaion
Saturn	32	a′	Nete hyperbolaion
Jupiter	24	e′	Nete diezeugmenon
Mars	21½	d′	Nete synemmenon
Sonne	18	h	Paramese
Venus und Merkur	16	a	Mese
Mond	12	e	Hypate meson
Feuer und Luft	9	H	Hypate hypaton
Wasser und Erde	8	A	Proslambanomenos

Dieses ptolemäische System umfaßt zwei Oktaven (H – h und h – h′) sowie einen Ganzton (A – H); diese Skala enthält fünf Quarten (a′– e′; e′– h; d′– a; a – e; e – H) und fünf Quinten (h′– e′; a′– d′; e′– a; h – e; e – A). Ptolemaios erahnte in diesen Gesetzmäßigkeiten die Kraft, die die Bewegung der Himmelskörper regiert. Berühmt ist sein Vierzeiler: „Sterblich bin ich, mein Leben ist kurz; doch seh′ ich im Geiste/wie in unnennbarer Zahl kreisend die Sterne sich drehn,/o, dann fühl ich nicht mehr mit meinen Füßen die Erde;/hoch am Tische des Zeus speis′ ich ambrosische Kost."

Im Kreise späterer Pythagoreer entstand die Vorstellung, daß die Musen die Kreise der Planeten regierten. Bei Martianus Capella ist die letzte Darstellung der Sphärenharmonie überliefert. Die Braut des Merkur, Philologia, durchschreitet bei ihrem Zug in den Himmel die tönenden Sphären des Firmaments; die neun Musen haben sich auf den Gestirnkreisen eingefunden: Urania im Fixsternhimmel, Polyhymnia im Saturn, Euterpe im Jupiter, Erato im Mars, Melpomene in der Sonne, Terpsichore in der Venus, Kalliope im Merkur, Klio im Mond und Thalia auf der Erde; dabei entsteht eine Skala von 6½ Tönen.

Die Kirchenväter nahmen die Idee der Sphärenharmonie auf. Von Philon stammt der Gedanke, daß Gott der Urheber dieser Harmonie sei, der als „archimusicus" auf der siebensaitigen Leier der Sternkreise spielt. Als weltbewegende Kraft wurde dabei die Liebe entdeckt. Jenseits der Kreise der Planeten erschallen die Jubelchöre der Engel. Vertreter der Sphärenharmonie sind Clemens von Alexandreia († vor 215), Origenes († 253), Eusebios von Kaisareia († 340), Athanasios von Alexandreia († 373), Ambrosius († 397) und Augustinus († 430). Bei Augustinus weitet sich die antike Konzeption zum Wissen des Christen aus, daß Gott selbst die unerforschliche Harmonie ist. Boethius († 524) unterschied Weltenmusik, Menschenmusik und Instrumentalmusik. Noch die spätantiken Enzyklopädisten Cassiodor († 580) und Isidor von Sevilla († 636) kennen und beschreiben die Sphärenharmonie.

Im Mittelalter fehlte es freilich nicht an Leugnern der Sphärenharmonie, sei es, daß ihnen der Gesang der Engel die Musik der Planeten überflüssig erscheinen ließ, sei es, daß die scholastische, auf Aristoteles aufbauende Gelehrsamkeit die pythagoreisch-platonischen Gedankengänge verdrängte. Selbst die großen Theologen wie Albertus Magnus († 1280) und Thomas von Aquin († 1274) lehnten die Planetenmusik ab. Doch gab es immer wieder zahlreiche Befürworter dieser Konzeption im Reigen der Theologen, Philosophen, Musiker und Dichter. Bereits der Mönch Aurelius aus Moutier-

St. Jean im 9. Jahrhundert war von Engelsmusik und Planetenharmonie überzeugt. Der Philosoph Johannes Scotus Eriugena († 877) berechnete den Umfang der himmlischen Harmonie auf zwei Oktaven. Regino von Prüm (9./10. Jahrhundert) wiederholte die Idee des Martianus Capella von den singenden Musen. Um 1100 entstand das Gedicht „Naturalis Concordia vocum cum planetis", in dem die natürliche Übereinstimmung der Töne mit den Planeten beschrieben wird. Im 12. Jahrhundert befürworteten Honorius Augustodunensis und Gottfried von St. Victor die Sphärenharmonie. In der Schule von Chartres erlebte der Platonismus eine besondere Pflege; dazu gehörte auch die Idee der Planetenmusik. Alanus ab Insulis († 1202) preist in seinem enzyklopädischen Gedicht „Anticlaudianus" die Sphärenharmonie in begeisterten Tönen. Zuletzt behandelte der Musiktheoretiker Jacobus von Lüttich († 1330) diese Idee; er erweiterte den Bereich der Musik durch die „musica coelestis sive divina", die Musik der die Sphären bewegenden Intelligenzen, die Gottes Lob singen. Auch Dante († 1321) schildert in seiner „Divina Commedia" die Kreise der Schöpfung, die von den Engeln bewegt werden; himmlische Musik begleitet den Dichter beim Aufstieg, bis er zuletzt in der Schau Gottes in die vollkommene Kreisbewegung, in die Liebesmacht des dreieinigen Gottes eingeht. Nochmals wurde der Gedanke der Sphärenharmonie in der Renaissance entdeckt und für Kunst, Philosophie und Wissenschaft fruchtbar gemacht. Noch Nikolaus Kopernikus († 1543) sah die Planeten an ihre jeweilige Kristallsphäre geheftet, die zusammen ihren Reigen um die Sonne zur Ehre Gottes vollführen. Erst für Galilei gab es keinen Platz mehr für eine Planetenmusik.

Tafel 31

Dreizehn Sternbilder.

Miniaturen aus einer astronomischen Sammelhandschrift. Prüfening bei Regensburg, 12. Jahrhundert.
Wien, Österreichische Nationalbibliothek, Cod. 12.600, fol. 24v/25r.

Zu den letzten romanischen illuminierten Handschriften aus der Schule von Prüfening bei Regensburg gehört der Codex 12.600 der Österreichischen Nationalbibliothek, eine chronologisch-astronomische Sammelhandschrift aus dem Umkreis des gelehrten Mönchs und Bibliothekars Wolfger. Die astronomischen Abbildungen sind ikonographisch bedeutsame Sternbilder, die für die Rekonstruktion der Aratea-Handschriften von Belang sind. Eine Mikrokosmosdarstellung in der Handschrift ist voll der Symbolik; ein Bild der vier Elemente bringt Personifikationen, Attribute und Tiersymbole in singulärer Zusammenstellung.

Die aufgeschlagene Doppelseite zeigt Text und Illustrationen zu dreizehn Sternbildern. An den Stil der Papyrusrollen erinnern noch die schmalen Kolumnen mit den darin eingesetzten Bildern. Abgebildet sind (von links nach rechts, in der Kolumne von oben nach unten): Wagenlenker, Stier, Kepheus, Kassiopeia, Andromeda, Pegasus, Widder, Dreieck, Fische, Perseus, Lyra, Schwan und Wassermann. Die Texte beschreiben Position und Anzahl der Sterne, die die jeweiligen Konfigurationen zusammensetzen.

ore que appellatur capra
in singulis genibus sin
gulas. in summitate du
as manus. in sinistra ma
nu II. q uocant hedi.
Summa VIIII.
xtra manu claram I. in
cubito obscuram I. in sini
stra manu claram I. in si
nistro humero I. in bal
theo III. obliquas. in
dextra caxa II. in sini
stro genu II. in summi
tate pedis I. sup pede.
III. fiunt XVII.
ndromeda hт stellā
in capite splendidam I.
in singulis humeris sin
gulas. in dextro cubito I.
in manu claram I. in sini
stro cubito clarā I. in
brachio I. in cinctu III.
sup honā III. in genib;
singulis claras singulas.
in dextro pede II. in si
nistro I. Summa XVIIII.
aurus hт stellas in utro
cornu I. in utroq oculo I.
in naso I. Hee qinq hyа
des appellantur. in ungu
la III. in collo II. in dor
so II. ultimam clariorē.
sub uentre I. in pectore
I. clarā. Summa XV. Et
VII. stelle quas athlan
tides ut pliades uocant.
Quarum seruident septi
ma obscura est. dirup in
cauda tauri posite.
assi
hт in capite
stellā claram I. in singu
lis humeris singulas
claras. in dextra ma
milla clarā I. in dextro
femore clarā I. in sini
stro femore claras II.
in genu clarā I. in basi
sellae qua sedet clarā
II. Summa decem.
quus que pegasum
uocant. hт stellas in
ore claras II. in capite I.
in caxa I. in auribus sin
gulas claras. in collo IIII.
primā capitis clarā. in
armo I. in pectore I.
in umbilico clarā I. in
utroq genu I. in ungulis
singulas. fiunt XVII.
epheus hт in capite
stellas claras II. in de
ries hт stellā in ca
pite I. in naribus III. in
collo II. in summitate pe
dis dextri clarā I. in dorso
IIII. in cauda I. in sum
mitate pedis sinistri I.
fiunt XIII.
Triangulus que gre
deltoton uocant. hт
III. in singulis angulis
singulas.
Pisces duo quoq. un
q boreus id est aquilonalis
appellatur. hт stellas
XII. Notius autem q au
stralis uocatur. XV. Linea
quibus sibi inuicem cone
xi sunt. hт stellas ad
partem borii III. ad no
tii III. ad occidentem
III. Summa stellarum XXX.
Perseus hт stellas in
singulis humeris sin
gulas claras. in dextra
manu clarā I. in sinistra
manu in qua caput gorgo
nis tenet III. inuenitur.
I. in dextro latere clarā I.
in genu I. in pede clarā I.
in sinistro femore clarā
I. in tibia II. circa cap
gorgonis claras III. cap
aut et harpes singulis
stellis notata sunt.
yra que et fidis. hт stel
las in utroq pectine sin
gulas. in cacuminibus
cornuq singulas. in hu
meris singulas. in fun
do I. in dorso I. fiunt
VIIII.
gn
hт stella in capite clarā
I. in utraq ala quinas
in corpore I. in cauda.
I. fiunt XIII.
quari
hт stellas in ca
pite obscuras II. in hu
meris singulis claras
singulas. in sinistro cu
bito I. clarā. in dextro
cubito I. in manu I.
in mammis singulas.
in dextro crure I. in pe
dibus singulas claras.
Summa XII. Effusio aque
notata est ex stellis XXX.
ex quibus due clare. cetere
obscure sunt.
Capcor
nus
hт stellas in singulis cor
nibus singulas. in naso
clarā I. in capite II. sub
collo I. in pectore II.
in pede pori I. in sum
mi pedis I. in dorso VII.
inuenitur. V. in cauda II.
claras. S U M M A
XXII.
24v

Alle min geborne kind :
Zornig mager gellig sind :
Hertzig kriegisch misshellig :
Stelen rouben liegen deck :
Stechen schlahen lernen kriegen :
Brennen murden allezit traegen :
Jr antlit ist braun rot und spitz :
Ain scharpff gesicht mit böser witz :
Klain zen mund ainen klaine̅ bartt
Jr libe ist lang rehend sind hartt :
Und was mir für sol geschehen :
Das müssend mine kind veriehen :

Tafel 32

Der Einfluß der Sterne auf die Charaktere.

Liber planetarum (Blockbuch), nach 1470.
Wien, Österreichische Nationalbibliothek, Ink. 2. D. 41,
Seite 3: Streit und Kampfeslust (Einfluß des Planeten Mars).

Die im Altertum als Götter angesehenen Planeten spielten in Prophetie und Wahrsagerei schon früh eine Rolle. Den sieben Planeten wurden bestimmte Einflüsse zugeschrieben, die sich einerseits aus ihren Götternamen ergaben, später aus den ihnen zugeschriebenen Temperamenten und Beschaffenheiten. Noch in den spätmittelalterlichen Planetenbüchern ist die Vorstellung lebendig, daß die unter der Herrschaft eines Planeten geborenen Kinder die Eigenschaften und Fähigkeiten eines antiken Gottes erhalten, die auf den Planeten übergegangen sind. So prägt der kalte, trockene und träge Saturn erdverbundene Menschen, der heiße und feuchte Jupiter ehrgeizige und gelehrte Menschen; der heiße Mars verleitet zu Gewalt und Krieg; die gemäßigte Sonne bringt emotional und musisch veranlagte Kinder hervor; die Kinder der Venus ergehen sich in Lebensgenuß und Liebeslust; während Merkur Künstler, Schmiede, Schriftsteller und Köche prägt; die Mondkinder lieben das Wasser, sind aber auch lockere Gesellen.

Der Holzschnitt aus einem nach 1470 hergestellten Blockbuch zeigt die Kinder des Mars, die zu Krieg, Streit, Brandstiftung, Mord, Totschlag und Raub neigen.

Tafel 33

Sternbilder von Steinbock, Schütze, Adler, Delphin.

Chronologisch-astronomische Sammelhandschrift. Salzburg, um 820.
Wien, Österreichische Nationalbibliothek, Cod. 387, fol. 119r.

Spätestens im 4. vorchristlichen Jahrhundert waren die antiken Sternbilder geprägt. Von entscheidender Bedeutung für die Fixierung der Ikonographie der Sternbilder wurde das Lehrgedicht „Phainomena" des Aratos von Soloi aus dem dritten vorchristlichen Jahrhundert. Die Dichtung hatte großen Erfolg und wurde oft bearbeitet und kommentiert. Cicero, Germanicus und Avienus übersetzten sie ins Lateinische. Die frühmittelalterliche Tradition war durch die Aratea nachhaltig geprägt. In Handschriften wie dem chronologisch-astronomischen Sammelcodex 387 der Österreichischen Nationalbibliothek, dem Werk einer Salzburger Schreibschule um 820, wird die karolingische Tradition und deren Anknüpfen an die Antike deutlich faßbar. Die 36 Miniaturen und sechs astronomischen Zeichnungen des Codex 387 zeigen, wie in Salzburg zu Beginn des 9. Jahrhunderts die wissenschaftliche Buchillustration antiker Herkunft neu belebt wurde. Dies verrät sich schon formal im impressionistischen Stil, den etwas gebrochenen Farben, der ausgesprochenen Raumbezogenheit der Figuren; eine antike Vorlage ist mit Händen zu greifen. Die fehlerlose Wiedergabe der aus der Aratos-Tradition stammenden Sternbilder läßt auf die Nähe eines antiken Originals schließen.

Auf Blatt 119r sind folgende Sternbilder dargestellt: Oben links der Steinbock (capricornus), noch ganz in der Ikonographie des babylonischen Ziegenfisches, unten links der Schütze (sagittarius), als Kentaur abgebildet, oben rechts der Adler (aquila), unten der Delphin (delphinus). Der gesamte Text enthält 32 Miniaturen von Sternbildern.

quae notata est & stellis
xxx· ex quib; duę clarę
ca&erę obscuriores sunt·

Capricornus hab& stellas in
singulis cornib; singulas
in naso claritatem ·i· In capite ·ii·
sub collo ·i· In pectore ·ii·
In pede priori ·i· in summi
tate pedis ·i· In dorso ·vii·
In uentre ·v· In cauda ·ii·
claritates summa ·xxiiii·

Sagittarius hab& stellas
in capite ·ii· In cacumine
sagitte ·ii· in dextro cubi
to ·i· in manu ·i· In uen
tre ·i· claram· in dorso ·ii·
in cauda ·i· in genu prio
ri ·i· in summo pede ·i·
in posteriori genu ·i·
fiunt ·xiii·

Aquila hab& stellas ·iiii·
& his media clara ·ē·
Sagitta hab& stellas
·iiii· In summo ·i· in me
dio ·i· In alia summita
te ·ii·

Delphinus hab& stellas
in ore ·i· in cornu ·ii· in
uentris pinnulis ·iii·
in dorso ·i· in cauda ·ii·
omnes ·uiiii·

Aries. leo. sagittarius. sunt
calida et sicca collerica
masculina. Orientalia.
Taurus. virgo. capricornus.
sunt frigida et sicca melanco
lica feminina. Occidentalia.
Gemini. aquarius.
libra. sunt calida et
humida masculina
sanguinea. Meridionalia.
Cancer. Scor
pius. pisces.
sunt frigida et humi
da flemmatica femini
na. Septentrionalia.

Tafel 34

Der astrologische Mensch.

Miniatur in den „Très Riches Heures" des Jean Duc de Berry, Frankreich, um 1410. Chantilly, Musée Condé, Ms. 65, fol. 14v.

Den Kalender des Stundenbuches des Herzogs von Berry, das unter dem Namen „Très riches Heures" bekannt geworden ist, beschließt ein Einzelblatt mit der Darstellung eines astrologischen Menschen, das den Einfluß der Sternbilder auf den menschlichen Körper veranschaulichen will. Das Motiv ist für ein Stundenbuch völlig singulär; es bezieht seine Herkunft wohl aus medizinisch-astrologischen Büchern. Die einzelnen Körperpartien werden zu den Tierkreiszeichen in Beziehung gebracht. Die Miniatur besticht auch durch die Doppelgestalt des menschlichen Körpers; beide Figuren, die im Kosmos zu schweben scheinen, sind von einer Mandorla umgeben, deren breites Mittelband ein zweites Mal die zwölf Zeichen und Namen des Tierkreises enthält. Den Außenrand bildet eine Skala, auf welcher für jedes Tierkreiszeichen die 30 ihm zugehörenden Grade eingetragen sind; der gesamte Zodiakos wird ja aus 360 Graden gebildet, die auf die zwölf Zeichen zu gleichen Teilen aufgeteilt sind. So erlaubt in der Miniatur auch eine Skala am Innenrand das Ablesen der Länge jedes Monates und der ihn regierenden Sternzeichen. Der die Miniatur begleitende Text kombiniert jeweils drei der Tierkreiszeichen mit den vier Beschaffenheiten Warm, Kalt, Trocken und Feucht, ferner mit dem männlichen und weiblichen Charakter, mit den vier Temperamenten und mit den vier Himmelsrichtungen.

Sternbilder und Sternsagen

Im Dunkel der Nacht erscheinen dem Betrachter des Himmels die Nachbarsonnen unserer Galaxis als leuchtende Punkte in schier unermeßlicher Zahl. Da sich ihre Stellung scheinbar nicht ändert, wurden sie in früheren Zeiten als Fixsterne an einer festen Himmelssphäre aufgefaßt. Die Zusammenstellung von Fixsternen zu Sternbildern reicht bereits in die Frühzeit menschlicher Beobachtung des Firmaments zurück. Umrißlinien wurden in die unregelmäßig verstreuten Sterne hineingesehen; und so entstanden Sternbilder, die ein getreues Spiegelbild irdischer Verhältnisse und der jeweils erreichten Kulturstufe waren. Sagen und Mythen, von Volk zu Volk verschieden, bildeten sich, um den Platz der Konfigurationen am Himmel zu begründen. Selbstredend ist keine der Figuren so eindeutig, daß sie nicht auch anders interpretiert werden könnte. So erblickten – um ein Beispiel zu erwähnen – die Ägypter dort, wo wir den Großen Bären oder Großen Wagen sehen, einen Stierschenkel, die Römer sieben Ochsen, die Chinesen eine Wurfschaufel, die Einwohner des Malaiischen Archipels ein beladenes Boot oder den Unterkiefer eines Schweines. Übereinstimmungen in den Interpretationen deuten auf gemeinsame kulturelle Einflüsse hin. In der griechischen Sternbildertradition sind neben vorderasiatischen, babylonischen und ägyptischen Komponenten auch kretisch-ägäische Einflüsse erkennbar. Die Kenntnis der Sternbilder war für die Orientierung, die Zeitbestimmung und die astrologische Erforschung des Schicksals von Belang. Schon Homer beschreibt in der Odyssee (5, 270–277) den auf dem Floß einsam dahinfahrenden Odysseus, wie er kundig zum Zwecke der Orientierung die Sternbilder beobachtet: „Sachkundig lenkte er, sitzend am Steuer, das Fahrzeug. Kein Schlummer/senkte sich über die Lider, fest hielt er die Augen geheftet/auf die Pleiaden, auch auf den Bootes, der erst später hinabzieht,/ und auf die Bärin, die man zugleich als Wagen bezeichnet,/die um den Pol sich dreht und scheu den Orion betrachtet,/einziges Sternbild, das dem Bad im Okeanos ausweicht./Sie zur Linken – so hatte die herrliche Göttin Kalypso/ihm die Weisung gegeben – sollte die See er befahren."

Auf Grund der Tatsache, daß die Sternbilder regelmäßig je nach der Jahreszeit auf- und untergehen, entstand eine Art von Kalender, der den Bauern eine willkommene Richtschnur zur Erledigung ihrer landwirtschaftlichen Arbeiten bot. So schreibt bereits Hesiod um 700 v. Chr. in seinem Epos „Werke und Tage": „Wenn das Gestirn der Pleiaden, der Atlastöchter, emporsteigt,/dann beginne die Ernte, doch pflüge,/ wenn sie hinabgehen;/sie sind vierzig Nächte und vierzig Tage beisammen/eingehüllt, doch wenn sie wieder im kreisenden Jahre/leuchtend erscheinen, erst dann beginne die Sichel zu wetzen."

Als man aus dem Fixsternhimmel den Gürtel des Tierkreises herausnahm, durch den die Sonne im Jahr durchlief, und die stets neuen Positionen von Sonne, Mond und

Planeten zueinander beobachtete, glaubte man an die Bedeutsamkeit dieser Gestirnstellungen für das menschliche Schicksal. Die astrologische Deutung der Gestirnpositionen war ein weiterer Antrieb zur Beobachtung der Sternbilder und der exakten Messung der Winkelabstände der Wandelsterne zu den Fixsternen.

Spätestens im 4. Jahrhundert v. Chr. waren die antiken Sternbilder geprägt. Die große Bedeutung der Tierkreiszeichen und der Sternbilder für die Himmels- und die Zeitordnung erklärt die kontinuierliche Tradition der antiken Gestalten bis in die christliche Wissenschaft und Kunst des Mittelalters, wo sie nach wie vor als Symbole der kosmischen Ordnung erschienen. Freilich entwickelte sich das System der Sternbilder erst allmählich. Der Tierkreis ist etwa das Ergebnis babylonischer, assyrischer und ägyptischer Astronomie. So ist der Widder ägyptischer Herkunft. Der Stier kommt aus Babylon, wo er Gud.anna hieß. Der Löwe ist ägyptischen Ursprungs. Die Zwillinge waren identisch mit den babylonischen Mastabba.galgal, vielleicht auch den „Zwei Sternen" Ägyptens. Der Krebs war babylonischer Herkunft; er wurde in Ägypten als „Zwei Tauben" gesehen. Der erste babylonische Tierkreis hatte achtzehn Sternbilder: zehn von den zwölf noch heute bekannten (außer Stier und Krebs) und dazu die Pleiaden, Hyaden, Orion, Perseus, Auriga, Praesepe und die südlichen Fische. Der Achtzehn-Bilder-Tierkreis war noch zwischen dem 6. und 3. Jahrhundert v. Chr. in Gebrauch; erst allmählich setzte sich der Zwölf-Bilder-Zodiakos durch; er besteht aus folgenden Bildern: Widder, Stier, Zwillinge, Krebs, Löwe, Jungfrau, Waage, Skorpion, Schütze, Steinbock, Wassermann und Fische.

Die babylonische Astrologie und Astronomie hatte einen großen Einfluß auf die griechische Himmelskunde ausgeübt. Doch die Betrachtung des Zodiakos zeigt auch gewichtige Unterschiede, wie der folgende Vergleich darlegt. Dem Widder (griechisch: krios) stand der babylonische Hunga, der Mietling oder Lohnknecht, gegenüber, den Zwillingen (griechisch: didymoi) die „Großen Zwillinge" (mastabba.galgal). Der Löwe urgulla hatte im griechischen Leon seine Entsprechung; der Jungfrau (griechisch: parthenos) entsprach die babylonische „Furche" (ab.sin). Das babylonische Zibanitu war erst ein Horn, erst später eine Waage, die dem griechischen Joch (zygos) entsprach. Der Skorpion (der babylonische gir.tab) war in beiden Kulturkreisen gleich. Die Entsprechung des Schützen (griechisch: toxotes) im babylonischen Pa.bil.sag ist nicht exakt deutbar. Dem griechischen Steinbock (aigokeros) stand der babylonische Ziegenfisch (suhur.mas) gegenüber, dem Wassermann (hydrochoos; eigentlich Wassertopf) der Riese Gu.la; den Fischen (griechisch: ichthyes) entsprachen die babylonischen „Schwänze" (zibatti).

Hipparchos von Nikaia (Mitte des 2. Jahrhunderts v. Chr.), einer der bedeutendsten griechischen Astronomen, legte einen Katalog von etwa 850 Fixsternen an, das erste systematische Sternverzeichnis mit Positions- und Helligkeitsangaben. Ptolemaios übernahm im zweiten Jahrhundert n. Chr. diesen Katalog und erweiterte ihn auf 1022 Sterne. Zur Benennung der Sterne zog man auch die volkstümlichen Sternbilder heran und schuf daraus ein lückenloses System.

Von entscheidender Bedeutung für die Fixierung der Sternbilder wurde das Lehrgedicht „Phainomena" des Aratos von Soloi aus dem dritten vorchristlichen Jahrhundert. Aratos dichtete wohl am Hofe des makedonischen Königs Antigonos Gonatas seine „Himmelserscheinungen“, eine Darstellung der Sternbilder mit einem Anhang über Wetterzeichen. Quellen dafür waren die Werke des Astronomen Eudoxos und des Meteorologen Theophrastos. Die lehrhafte Aufzählung belebte Aratos durch die Erzählung der Sternsagen. Die Dichtung hatte einen großen Erfolg; sie wurde oft nachgebildet und kommentiert. Cicero, Germanicus und Avienus übersetzten sie ins Lateinische. Auch dem gelehrten Hyginus († 17 n. Chr.) wurde ein, wohl aber erst im zweiten Jahrhundert verfaßtes, astronomisches Werk zugeschrieben, in dem vor allem Sternsagen interessieren. Texte dieser Art überlebten den Zusammenbruch der antiken Kultur und wurden an das Mittelalter weitergegeben. Auch in der mittelalterlichen Astronomie wurden die Sternbilder, Himmelssphären und Bewegungen der Himmelskörper vorzugsweise behandelt. Die Tradition war lange Zeit durch die Aratea bestimmt. Im 13. Jahrhundert schuf Michael Scotus († um 1235) ein neues Kompendium, in dem er unter Verwertung der Aratea und der hellenistisch-orientalischen Tradition 48 Fixsternkonstellationen und sieben Planeten beschrieb. Eine weitere wichtige Quelle ist das Werk des arabischen Astronomen ʻAbdarraḥmān aṣ-Ṣūfī († 986). Er genießt den Ruhm, Verfasser des bedeutendsten Werkes über die Fixsterne zu sein; er hat fast alle Angaben des Ptolemaios geprüft, korrigiert, ergänzt und neu gruppiert. Sein „Buch der Bilder der Sterne“, das 965 geschrieben und dem Buyiden ʻAḍudaddaula ibn Ruknaddaula († 983) gewidmet ist, setzte die arabischen Gestirnnamen mit den griechischen in Beziehung. Die Sternsagen interessierten den Autor wenig, doch gebrauchte er die Sternbilder als Hilfsmittel zur Lokalisierung der Einzelsterne. Aus der Antike überlieferte Himmelsgloben waren auch im islamischen Kulturkreis vorhanden und sorgten für die Kontinuität der Konfigurationen. Auch das Buch des Ṣūfī hatte nachhaltigen Erfolg. Die Bilderserie kam durch Übersetzungen nach Europa und diente als Vorlage für die Buchmalerei. Seit dem 13. Jahrhundert wurden die Bilderserien des Michael Scotus und des Ṣūfī im Westen verbreitet, während die Aratea-Tradition in den Hintergrund trat.

Die Scotus-Gruppe, wie sie in zahlreichen Sternkatalogen überliefert ist, beschreibt folgende Sternbilder und Himmelskörper: Widder, Stier, Zwillinge, Krebs, Löwe, Jungfrau, Waage, Skorpion, Schütze, Steinbock, Wassermann, Fische, Großer Bär, Kleiner Bär, Drache, Herkules, Krone, Schlangenträger, Bootes, Wagenlenker, Kepheus, Kassiopeia, Pegasus, Andromeda, Perseus, Dreieck, Pleiaden, Leier, Schwan, Adler, Walfisch, Eridanus, Zitherspieler, Delphin, Orion, Hund, Hase, Argo, Austronochus, Daemon meridianus, Milchstraße, Großer und Kleiner Fisch, Brunnen, Kentaur, Schlange, Urne, Prokyon, Pferd, Cerebellum, Feldzeichen, Saturn, Jupiter, Mars, Venus, Merkur, Sonne und Mond. Ptolemaios begann seinen Sternbilderkatalog mit dem Kleinen Bären, um dann in einem spiralförmig verlaufenden Abstieg durch die nördliche Hemisphäre zum Tierkreis zu gelangen, den er vom Widder bis zu den Fischen durchlief. In einem parallelen Rundgang beschrieb er sodann die südlich davon gelegenen Sternbilder, soweit man sie von Alexandreia aus beobachten konnte.

Die beiden Bären waren in griechischer Zeit weiblich, bevor die Araber, die vordem von zwei Kälbern gesprochen hatten, daraus zwei männliche Bären machten. Im Großen Bären lebte der Sage nach Kallisto fort, eine arkadische Königstochter, die von der Göttin Artemis in ihr Gefolge aufgenommen worden war. Der Göttervater Zeus verliebte sich in das Mädchen und näherte sich ihm in Gestalt der Artemis. Als Artemis die Schwangerschaft Kallistos bemerkte, verwandelte sie die Unglückliche in eine Bärin. Kallisto gebar einen Sohn namens Arkas. Als dieser später, als erwachsener Jäger, seine Mutter, die Bärin, bedrohte, versetzte Zeus beide als Sternbilder an den Himmel. Arkas wurde zum Sternbild Bootes, das nun dem Großen Bären im täglichen Umschwung folgt. Bootes bedeutete eigentlich der Ochsentreiber, da einst die sieben hellen Sterne des Großen Bären bei Römern und in Teilen Griechenlands als sieben Ochsen angesprochen wurden, die in engem Kreis um den Nordpol wie auf einer Dreschtenne herumtrotten. Als das Bild des Bären fixiert war, konnte man den Bootes, der nun seiner alten Funktion ledig war, als den die Mutter bedrohenden Jäger Arkas auffassen.

Zwischen den Bärinnen windet sich das lange Sternbild des Drachen hindurch, der bei den Griechen als eine Riesenschlange aufgefaßt wurde. Darüber gab es mehrere Sagen. Die eine Sage knüpfte an die Geburt des Zeus an, den seine Mutter Rhea in Kreta versteckte, um ihn vor dem Verschlungenwerden durch den eifersüchtigen Vater Kronos zu bewahren. Zeus habe sich in Kreta in eine Schlange und seine Ammen in Bärinnen verwandelt und zuletzt die Bilder zur Erinnerung an den Himmel versetzt. Eine andere Sage erblickte im Drachen jenes Ungeheuer, das die goldenen Äpfel der Hesperiden bewachte, bis Herakles das Untier tötete und die Äpfel gewann.

Ptolemaios hat die Sternbilder des Kepheus, der Kassiopeia, des Perseus, des Pegasus, der Andromeda und des Walfisches in seinem Katalog getrennt, obwohl sie zu einer einzigen Szene gemäß der alten Sage gehörten. Kassiopeia, die Gemahlin des Königs Kepheus von Äthiopien, hatte geprahlt, schöner als die Nereiden zu sein. Daraufhin sandte Poseidon auf Bitten der beleidigten Nereiden zur Strafe eine Sturmflut und ein Meeresungeheuer, das Menschen und Vieh verschlang. Ein Orakelspruch verhieß Rettung vor dem Untier, wenn des Königs Tochter Andromeda ihm zum Fraße vorgeworfen würde. So wurde Andromeda an einen Felsen vor der Küste gefesselt. Doch der junge Held Perseus kam auf seinem geflügelten Pferd Pegasos, tötete das Ungeheuer und befreite Andromeda. Hier liegt das alte Märchenmotiv von dem Raub und der Bewachung einer Königstochter durch einen Drachen, den ein Held tötet, zugrunde. Noch in der Legende des heiligen Georg ist dieses Motiv verwendet. Das Sternbild des Kepheus zeigt den König bittflehend in die Knie gesunken; Kassiopeia – bei den Arabern „die Thronende" genannt – wird auf einem Thronsessel sitzend gedacht.

Perseus, ein überaus volkstümlicher Held, wird im Sternbild mit erhobenem Schwert und dem Haupt der Medusa in der Linken dargestellt. Der Sohn der Danae, der sich einst Zeus als goldener Regen genaht hatte, war mit seiner Mutter in einem Kasten ins Meer geworfen, doch gerettet worden. Dem Herrscher der Insel Seriphos, Polydektes, versprach Perseus das Haupt der Medusa, das er schließlich mit göttlicher Hilfe erlangte; da der Anblick der Medusa jedermann versteinert, näherte sich Perseus der Gorgo mit dem Schild als Spiegel und schlug ihr den Kopf ab. Aus dem Rumpf der Medusa entsprang das geflügelte Roß Pegasos.

Dicht neben dem Bootes funkelt die Nördliche Krone, bei den Arabern „Schüssel der Armen" genannt. Die griechische Sage weiß, daß Theseus zur Bezwingung des Minotaurus im Labyrinth zu Kreta nicht nur den Faden der Königstochter Ariadne benützte, um wieder aus dem Labyrinth herauszufinden, sondern daß Ariadne ihn mit ihrer lichtstrahlenden Krone in die Finsternis begleitete. Dieser Lichterkranz war ein Geschenk des Dionysos, dem Ariadne eigentlich versprochen war. Als Theseus auf der Heimreise Ariadne auf Naxos zurückließ, tröstete sie Dionysos; er warf ihre Krone an den Himmel, wo sie nunmehr als Sternbild leuchtet.

Vom Pol abwärts scheint ein ausgedehntes Sternbild mit dem Kopf nach unten zu hängen; man nannte es in Hellas und bei den Arabern „den Knienden". Doch auf Dauer konnte die kniende Gestalt nicht ohne Namen bleiben. Da der Held Herakles mühebeladen war und durch zwölf schwere Arbeiten sich auszeichnete, identifizierte man den „Knienden" mit Herakles. In den Miniaturen hält die Figur eine Sichel in der erhobenen Linken.

Das altgriechische Saiteninstrument der Lyra oder Leier ist auch als Sternbild verewigt. Allerdings ist es durch ein Mißverständnis bereits in der Bildtradition der arabischen Himmelsgloben zu einem bauchigen Gefäß geworden; aṣ-Ṣūfī bezeichnete das Bild auch als Schildkröte. In der Tat hatte die griechische Leier als Resonanzboden eine Schildkrötenschale besessen. In einem der homerischen Hymnen wird der Ursprung des Instrumentes erzählt. Hermes, der Gott der Kaufleute und der Diebe, war von der Nymphe Maia, die das Kind von Zeus empfangen hatte, in einer Höhle geboren worden. Das kleine Kind verließ schon bald die Wiege; als es eine Schildkröte fand, nahm es das Tier aus und bastelte daraus die erste Leier. Bald stahl der kleine Hermes seinem Bruder Apollon eine prächtige Herde von fünfzig Rindern. Als der Streit vor Zeus kam, wurde der Friede gemacht, indem Hermes dem zürnenden Apollon die Leier schenkte, die nunmehr dessen ständiges Attribut blieb.

Das Sternbild, das wie ein Schwan mit lang vorgestrecktem Hals im Zenit fliegt, war von Ptolemaios als „Vogel", von den Arabern als „Huhn" benannt worden. Spätere griechische Deutungen sahen im Sternbild die Gestalt des Schwanes, in der sich Zeus der Nemesis und der Leda genaht hatte, oder den heiligen Vogel des Gottes Apollon.

Neben Perseus befindet sich das Sternbild des Fuhrmannes oder Zügelhalters, nach antiker Vorstellung ein Wagenlenker mit Zügel und Peitsche, griechisch Heniochos benannt. Aratos kannte noch keine mythologische Ausdeutung der Gestalt. Erst spät gab es einige Versuche der Interpretation. So wollte man im Sternbild den athenischen Priesterkönig Erichthonios, der Wagen und Wagenrennen erfunden haben soll, erblicken. Oder man dachte an den unglücklichen Hippolytos, der auf Grund der Verleumdung durch seine Stiefmutter Phaidra, die seine Liebe nicht gewinnen hatte können, von seinem Vater Theseus verflucht wurde und den Tod fand, als die Pferde seines Wagens vor einem von Poseidon gesandten Ungeheuer scheuten. Man dachte aber auch an den wagenlenkenden Oinomaos, der seine Tochter Hippodameia nur jenem zur Frau geben wollte, der ihn im Wagenrennen besiegte; auch der verräterische Wagenlenker Myrtilos, der des Oinomaos' Wagenachse lockerte, um den Sieg eines Konkurrenten herbeizuführen, war im Spiel.

Der Schlangenträger (Ophiuchos) wurde mit dem Heilgott Asklepios geglichen, dessen Schlangenstab in der Neuzeit zum Symbol der Medizin geworden ist. Es gibt eine Sage, wonach Asklepios, der Sohn des Gottes Apollon, einst durch die Erweckung eines Toten seine ärztliche Kompetenz überschritten hätte und deshalb von Zeus mit dem Blitz getroffen, dann aber an den Himmel versetzt worden sei. Die Araber sahen im genannten Sternbild einen Schlangenbändiger.

Nördlich des Adlers fliegt das Sternbild des Pfeiles. Eine mythologische Deutung sah darin jenes Geschoß, mit dem Apollon die Kyklopen getötet hatte, die Zeus den Blitz geschmiedet hatten, mit dem dieser Apollons Sohn Asklepios zu Tode getroffen hatte. Andere wollten an den Pfeil denken, mit dem Herakles den Adler tötete, der dem gefesselten Prometheus täglich die Leber aus dem Leibe fraß.

Der Adler war bereits den Sumerern bekannt; deshalb sahen im Sternbild dieses Namens die Griechen einen sitzenden, die Araber einen fliegenden Adler. Die Griechen identifizierten den Wassermann im Tierkreis mit dem schönen Knaben Ganymed, den Zeus als Adler oder durch einen Adler raubte und in den Olymp brachte. Damit war die Unsitte der Knabenliebe, die in Griechenland weit verbreitet gewesen war, auch in einem Sternbild verewigt, wogegen noch die Kirchenväter eine heftige Polemik übten.

Der Delphin als Sternbild erinnert an die Geschichten von den menschenliebenden Meeressäugern, die angeblich die Schiffe begleiteten und Ertrinkende retteten. Der Delphin am Himmel soll nach einer Deutung daran mahnen, daß die Meeresgöttin Amphitrite vor ihrem künftigen Gatten Poseidon verschämt geflohen und sodann von einem Delphin zu Poseidon gebracht worden sei, wofür das Tier unter die Sterne versetzt worden wäre. Andere Interpreten dachten an jenen Delphin, der den von Räubern bedrängten Sänger Arion, als sich dieser vom Räuberschiff ins Meer stürzen mußte, auf seinem Rücken sicher nach Korinth brachte; als auch das Schiff der Räuber dort einlief, erwartete dessen Matrosen die gerechte Bestrafung.

Das Füllen ist ein kleines Sternbild, das erst Hipparchos geschaffen hat, offenbar in Anlehnung an das benachbarte große Pferd, den Pegasos. Daher konnte Aratos noch nichts vom Sternbild wissen. Ptolemaios nennt es „Kopf“ oder „Vorderteil des Pferdes“, die Araber bezeichneten es als „Teil des Pferdes“. Erst Michael Scotus, der Hofastrologe Kaiser Friedrichs II., versuchte an die antike Mythologie anzuknüpfen und dachte an Phaëthon, den Sohn des Sonnengottes Helios, der einst vom Vater die Erlaubnis erhalten hatte, den Sonnenwagen zu lenken, was aber mit einer Katastrophe endete. Der tote Phaëthon soll auf Bitte der Mondgöttin in ein Pferdchen am Himmel verwandelt worden sein.

Das geflügelte Pferd Pegasos entsprang der Sage nach aus dem Rumpf der Medusa, als dieser Perseus das schlangenumringelte Haupt abschlug. Auf dem Pegasos reitend, konnte Perseus das Ungeheuer überwinden, das die an die Meeresküste ausgesetzte Königstochter Andromeda fressen wollte. Pegasos soll durch seinen Hufschlag die Quellen Hippukrene in Boiotien und Peirene bei Korinth entstehen haben lassen. Zuletzt trug Pegasos den Helden Bellerophon in dessen Kampf gegen die Chimaira. Als Bellerophon aber in den Himmel stürmen wollte, stürzte er zu Tode, und Pegasos stieg zum Himmel empor, wo er als Sternbild zwischen Andromeda und

Wassermann steht. Die Verbindung der Konfiguration mit dem bekannten geflügelten Pferd ist relativ spät; noch Ptolemaios nannte es einfach „das Pferd". Mischwesen, wie geflügelte Säugetiere, hat die orientalische Kunst indes seit ältesten Zeiten hervorgebracht.

Andromeda, die von Perseus gerettete Königstochter, steht mit weit ausgestreckten Armen als „die Gefesselte" (wie die Araber sie nannten) vor uns am Himmel. Der arabische Astronom aṣ-Ṣūfī hat übrigens als erster jene Galaxie im Sternbild der Andromeda entdeckt, die heute als Andromedanebel bekannt ist. Aus der antiken Tradition ist auch überliefert, wie zwei Fische über den Leib der Andromeda gelegt sind.

Aus nur vier Sternen besteht das Dreieck (Triangel), von Aratos „das Deltaförmige" genannt, Dreieck hingegen von Ptolemaios und den Arabern. Für mythologische Deutungen wurde nicht viel Phantasie aufgewendet, es sei denn, man dachte an das dreieckige Sizilien oder das Nildelta.

Mit dem Sternbild des Widders beginnt der Tierkreis oder Zodiakos. Der Widder muß schon früh seinen Platz am Himmel gehabt haben, denn er trennt die Andromeda vom Walfisch, der diese fressen will. Vermutlich stammt der Widder aus Ägypten; der babylonische Kalender hatte im Sternbild einen „Mietling" oder „Lohnknecht" erblickt. Da der Widder nicht in die Perseus-Andromeda-Sage einzubeziehen war, machten ihn die Griechen zu jenem Tier, das einst den Königskindern Phrixos und Helle, den Kindern des thebanischen Königs Athamas und der Nephele, zu Hilfe gesandt worden war, als Ino, die zweite Frau des Athamas, als böse Stiefmutter den Kindern nach dem Leben trachtete. Auf dem Widder flogen die Kinder nach dem fernen Kolchis (im heutigen Georgien), doch die kleine Helle fiel unterwegs ins Meer, das heute noch nach ihr als Hellespont benannt wird. Phrixos wurde in Kolchis freundlich aufgenommen, wo ihm König Aietes seine Tochter Chalkiope zur Frau gab. Den Widder opferte Phrixos dem Zeus; das Fell des Widders war jenes Goldene Vlies in Kolchis, das später Jason und die Argonauten holen sollten. Der Widder wurde für seine rettende Tat als Sternbild an den Himmel versetzt.

Das zweite Sternbild des Tierkreises war bereits in Babylon als der Himmelsstier Gud.anna bekannt. Als die Griechen das Sternbild übernahmen, hatten sie im Schatz ihrer Mythen eine größere Auswahl an Stieren für eine mythologische Deutung zur Verfügung. Am naheliegendsten war es, an Zeus in Stiergestalt zu denken, der Europa, die Tochter des phönikischen Königs Agenor, entführt hatte. Zeus hatte sich in einen zahmen Stier verwandelt, mit dem die Mädchen am Strand spielten, bis es ihm gelang, Europa über das Meer zu entführen. In Kreta zeugte er mit ihr Minos, Rhadamanthys und Sarpedon; der Erdteil Europa erhielt von dem Mädchen seinen Namen. In die Europasage spielt offenbar die vorgriechische Vorstellung vom Himmelsstier hinein. Eine andere Stiergestalt war aus der Sage von der kretischen Königin Pasiphaë bekannt, die in einen Stier verliebt war und sich deshalb vom Künstler Daidalos eine Kuhattrappe anfertigen ließ, um mit dem Tier verkehren zu können. Aus dieser Verbindung ging der stierköpfige Minotaurus hervor, der fortan im Labyrinth verborgen wurde, bis ihn Theseus tötete. Theseus tötete übrigens auch einen Stier, der die Gegend von Marathon verwüstete. Andere sahen im Stier die „Kuh", in

Tafel 35

Sternbilder von Herkules, Drachen, Bären.

Hyginus, Astronomicon, bearbeitet von Michael Scotus, Venezianische Handschrift, um 1470. Wien, Österreichische Nationalbibliothek, Cod. 3394, fol. 219r.

Nachdem die Tradition der Aratea für Jahrhunderte die Ikonographie der Sternbilder bestimmt hatte, schuf im 13. Jahrhundert Michael Scotus († um 1235) ein neues Kompendium, in dem er unter Verwendung der Aratea und der orientalischen Tradition 48 Fixsternkonstellationen und sieben Planeten beschrieb. Eine weitere wichtige Quelle des Hoch- und Spätmittelalters wurde das Werk des arabischen Astronomen ʿAbdarraḥman aṣ-Ṣūfī († 986), das durch Übersetzungen dem Abendland bekannt wurde. Seit dem 13. Jahrhundert wurden im Westen die Bilderserien des Scotus und des Ṣūfī verbreitet, während die Aratea in den Hintergrund traten.

Die beiden Bären waren in griechischer Zeit weiblich, bevor die Araber daraus zwei männliche Bären machten. Im Großen Bären lebte die Sage von Kallisto fort, einer arkadischen Königstochter aus dem Gefolge der Göttin Artemis, die von Zeus geschwängert wurde und einen Sohn namens Arkas gebar. Artemis verwandelte die Unglückliche in eine Bärin. Als Arkas als erwachsener Jäger nichtsahnend auf der Jagd seine Mutter bedrohte, versetzte Zeus beide als Sternbilder an den Himmel. Zwischen den Bärinnen windet sich das lange Sternbild des Drachen hindurch; die Sage erinnert an den die Äpfel der Hesperiden bewachenden Drachen, oder an die Schlange, in die sich Zeus einst verwandelte, nachdem er auf Kreta von seiner Mutter versteckt worden war. Vom Pol abwärts scheint sich ein ausgedehntes Sternbild mit dem Kopf abwärts zu bewegen; man nannte es ursprünglich nur „Den Knienden", bis man es mit Herakles, dem zwölf schwere Arbeiten aufgetragen worden waren, identifizierte.

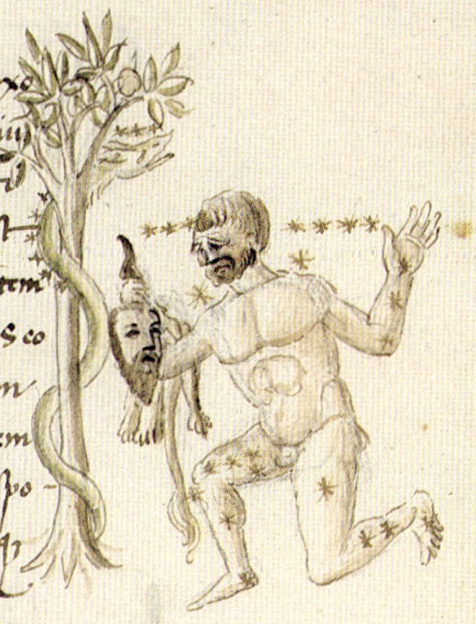

Hercules est imago coeli ad instar hominis nudi stantis genu flexo
manu sinistra extensa in altum. habens in manu dextera corium
Leonis involutum loco faxialis continentis caput hominis barbuti
cuius nomen erat viropulus secundum quosdam Algol. et est
verius. stat idem hercules genu flexo cruris dextri ante serpentem
circumvolutum arbori ferenti aurea poma. In memoriam cuius eo
quod in vita sua devicit Leonem sine armis et interfecit viropulum
qui erat vir fortissimus et custos dicte arboris etc. Haec quidem
imago stellas habet multas inter quas .24. sunt parisibiles dispo-
sitio quarum sic certificatur. In capite habet .1. splendidam in utroque
humero bene lucidam .1. in sinistro cubitu .1. in manu sinistra
.1. et in eodem brachio .1. in dextera manu .1. in sinistro inferiore
.1. et dextero .2. in cossa dextera .2. in genu dextro .1. in tybia
dextera .1. in pede dextero .1. in crure sinistro .2. in pede sinistro
.1. in fronte capitis viropoli .1. multo grossam et lucidam in faxiali
pelle Leonis ubi pedes anteriores apparent .4. in gladio ..

Natus in eo signo erit audax fortis plus pauper quam dives et alteri
facilis offensor. Est in Sagittario licet prorsus eius forma est super.

Draco iste dicitur pomarium Athlantis
regis hispanie fuisse quem
Hercules occidit. et Juno ad
contumeliam eius sidus fecit.

Haec ursa cinosura dicitur quod Jovem in creta
nutrivit. pro quo beneficio in
coelum translata est.

Haec ursa calisto dicitur quae
dum fuisset in facie humana
stuprata a Jove genuit Boetem

Tafel 36

Ptolemaios als Astrologe.

ʿAlī ibn Riḍwān, Kommentar zur Tetrabiblos des Ptolemaios, Prag, Wenzelwerkstätte, um 1400. Wien, Österreichische Nationalbibliothek, Cod. 2271, fol. 1r.

Die älteste Gesamtdarstellung der hellenistischen Astrologie ist die „Tetrabiblos" des Klaudios Ptolemaios aus dem zweiten nachchristlichen Jahrhundert. Es ist bezeichnend, daß selbst einer der größten mathematischen Astronomen des Altertums es für notwendig befand, eine astrologische Ergänzung zu seinem streng wissenschaftlichen Werk zu schreiben. Er behandelte darin die kosmischen Einflüsse auf die Völker und das Wetter, ferner die aus Horoskopen erschlossenen Einflüsse auf das Menschenleben. Die „Tetrabiblos" wurde schon im 8. Jahrhundert ins Arabische übersetzt; im 9. Jahrhundert übertrug sie Ibrahīm ibn aṣ-Ṣalt. Die „Tetrabiblos" wurde von vielen arabischen Autoren kommentiert, der verbreitetste Kommentar war jener des Abū l-Ḥasan ʿAlī ibn Riḍwān ibn ʿAlī al-Misrī († 1061). Im 13. Jahrhundert übersetzte Aegidius de Tebaldis auf Veranlassung von König Alfons X. von Kastilien den kommentierten Ptolemaios ins Lateinische. Die Handschrift 2271 der Österreichischen Nationalbibliothek überliefert die Texte in einer Prachtausgabe aus der Wenzelswerkstätte in Prag; dieses königliche Atelier des endenden 14. Jahrhunderts brachte Spitzenwerke der böhmischen Buchmalerei hervor. Die Zierseite der genannten Handschrift trägt eine Bildinitiale, in der eine königliche Gestalt auf einer Tafel schreibt; es mag sich um König Alfons X. von Kastilien oder um Ptolemaios handeln. Die Darstellung des großen Astronomen und Astrologen als König ist nicht selten. Den Text der Zierseite umspielen farbige Akanthusranken mit allegorischen Figuren – Bademädchen, Wilde Männer, Wenzel im Block – deren Symbolgehalt mit König Wenzel persönlich verbunden ist.

Cur et intelligẽ gliosum ẽ
quia omnis sapiencia est
a deo. Eius est igr̃ anima
gloriosa que intelligit et
discernit. ⁊ deus illum vere
diligit et elegit in quo po
suit supioris sciencie intel
lectum. Sciencia v̓o supior
est procul dubio ars astroꝝ
Quia omnes alie subiecte
sunt sibi. ⁊ ipa̅ fundata est
sup principia ẽta natura
lia compҕhendencia totū
mūdum. Amplius necel
sarium est ut p alias ingl̃
sus fiat pocius q̃m puerū

possit ad eam. ex quo pa
tet q̓ ipa̅ sit supior ⁊ excel
lens. Ceterum dubitatio
nō occurrit q̄n̄ do diuina
prouidencia disponente
supiorum corpū inferiora
omnia moueantur. cum
enim ipa̅ sint causa oīm
accidencium ẽrenoꝝ. Qui
ergo se ingerit circa intelli
genciam sciencie sblimis
sic diligit deum cognoscẽ
omniū creatorem quia o
pus stellarum dei est. ⁊ ipẽ
tamq̃m vitaue dei opan̓
quicquid accidere intere
nis ¶ Item cum d̓s sit
idem ipẽ intellectus q̄n̄to
quis magis intelligit tā
to est deo proximior. Cuius
nomen bñdictum sit p se
cula sempiterna ¶ Stude
at igitur intelligẽ vnus-
quisq; quia sicut ait salo
mon. Intelligens guberna
cula possidebit. Ego uero
tamq̃m verus amator sa
piencie et sapientum inspiciẽ

IAN
FEBR
MAR
APR
MAI
IUN
IUL
AUG
SEPT
OCT
NOUB
DECIMB

Tafel 37

Die zwölf Monatsbilder.

Miniatur in einer chronologisch-astronomischen Sammelhandschrift. Salzburg, um 820. Wien, Österreichische Nationalbibliothek, Cod. 387, fol. 90v.

Die Welt der Sterne bestimmt den Rhythmus des irdischen Lebens; Tag und Nacht, die Phasen des Mondes, der Wechsel der Jahreszeiten und der Kreislauf der Monate sind die Festpunkte. In jeder höheren Kultur mußte daher das Kalenderwesen eine hohe Stellung einnehmen, mochten Mondmonate oder Sonnenmonate gezählt werden oder der Beginn des Tages oder des Jahres auch noch so verschieden berechnet werden. Für das bäuerliche Leben waren auch bestimmte Sternbilder von Belang; durch ihren regelmäßigen Auf- und Untergang entstand eine Art von Kalender, der den Bauern eine Richtschnur zur Erledigung ihrer landwirtschaftlichen Arbeiten bot. In der mittelalterlichen Buchmalerei spielen aus dem erwähnten Grund Monatsbilder eine eminente Rolle. Oft waren sie in Kalendern zusammen mit den betreffenden Tierkreiszeichen abgebildet. Von der karolingischen Epoche bis zur Renaissance spannt sich der Bogen der Monatsbilder.

Eine Miniatur in einer Salzburger chronologisch-astronomischen Sammelhandschrift aus der Zeit um 820 ist von großer kulturhistorischer Bedeutung; handelt es sich doch um die ältesten Darstellungen von Monatsbildern in der abendländischen Buchmalerei. Wohl sind antike Monatszyklen erhalten, doch sprechen Parellelen mit Salzburger Monatsgedichten auch für eine mögliche Erfindung des Zyklus auf Salzburger Boden. In vier Streifen werden die Monate durch Personen veranschaulicht, die eine für den betreffenden Monat charakteristische Tätigkeit ausüben. Der Jänner wärmt sich am offenen Feuer, der Februar geht auf Falkenjagd; dem März sind eine Schlange und ein Vogel beigegeben. Der April steht mit einer Garbe vor einem Baum, auf dem ein Vogel nistet; den Mai dokumentiert die Blütenpracht. Pflügen charakterisiert den Juni, Ernte den Juli, der als Schnitter einhergeht; der August erntet mit der Sichel. Im September wird die Wintersaat ausgesät, der Oktober keltert den Wein. Der November führt ein Schwein zur Mast, während der Dezember das nämliche Schwein zu schlachten im Begriffe steht.

Tafel 38

Alchemistische Sternsymbole.

Zeichnungen in einer alchemistischen Sammlung. Norddeutschland, Mitte des 14. Jahrhunderts.
Wien, Österreichische Nationalbibliothek, Cod. 2372, fol. 66v/67r.

Die in Ägypten im 2./3. Jahrhundert n. Chr. entstandene Alchemie war eng mit theoretischer und praktischer Chemie verbunden. Sie besaß eine Zwischenstellung zwischen Wissenschaft und Religion, wobei die Transmutation des Stofflichen in eine unzerstörbare Seinsweise das Endziel darstellte, mochte im Vordergrund auch die Goldmacherei stehen. Man suchte edle Metalle zu erzeugen, indem man Naturstoffe in geeigneter Weise mischte oder ein Elixier zusetzte. Ein Arbeitsprozeß vor der Transmutation sollte den Naturstoffen ihr Form nehmen und sie als „prima materia" empfänglich machen für neue und edlere Eigenschaften. Das Abendland bezog sein alchemistisches Wissen aus griechisch-byzantinischen und arabischen Quellen; seit dem 12. Jahrhundert setzte die arabische Rezeption und deren Verbindung mit christlichem Gedankengut ein. Die Symbolwelt der Alchemie übte großen Einfluß auf das gesamte Geistesleben des Mittelalters aus. Auch astrale Symbole wurden einbezogen und spielten in der „Heiligen Kunst" eine große Rolle.

Der Codex 2372 der Österreichischen Nationalbibliothek stellt eine alchemistische Sammlung in deutscher Sprache dar, die in der Mitte des 14. Jahrhunderts in Nordwestdeutschland geschrieben wurde. In diesem Kompendium verbinden sich arabische Traditionen, wie die Alchemie des Senior Sahid, mit westlichen Traktaten, wie Gilbert de Laindracs Rezepten und etlichen anonymen Schriften. Es dürfte sich um ein Handbuch eines niederdeutschen „Meisters" gehandelt haben. Der als „Senior Sahid" bekannte Gelehrte war der Araber Ibn Umail, der im 10. Jahrhundert gelebt haben soll und zu den Allegoristen im Kreis der spekulativen Alchemisten gehörte.

Die aufgeschlagene Doppelseite der Sammlung präsentiert zahlreiche astrale Symbole. Die linke Seite zeigt die Zuordnung der Planeten zu Metallen: Saturn und Blei, Jupiter und Kupfer, Mars und Eisen, Sonne und Gold, Venus und Zinn, Merkur und Quecksilber, Mond und Silber werden einander in Parallele gestellt. Die Skizzen der rechten Seite haben mit den alchemistischen Arbeitsprozessen zu tun; es ist von der „Höhe der Sonne", dem „Erscheinen des Goldes", von der „Tiefe oder Verborgenheit des Goldes", von der „Höhe des Mondes" und dem „Erscheinen des Mondes" sowie von der „Tiefe oder Verborgenheit des Mondes" die Rede.

67
.i. artem cum qua sola regnatur
Saturnus huius opus demon-
strat .i. artem cum qua reg-
natur. Ista regnatio sig-
nat quod planete habent
naturas operum et opera sunt
naturas planetarum
Saturnus plumbum
Jupiter cuprum
Mars ferrum
Sol aurum
Venus stagnum
Mercurius argentum vivum
Luna argentum purum
Nu comet hier die sterre
Die men [illegible] mach
Dier ic met wille of ghere
Ons es nuttelike gewere
Hare nature en haer cracht
Die si hebbe dach en nacht
Dies wille u make cont
Van elc sterre hier stont
Ato vel [illegible] titudo phe[illegible] paritio auri
Ato heet deerste sterre
Agenes de wike sel no cire
Ten eersten up den jaers dach
Also ic u seggen mach
Beghint si regneren thant
Die deerste bloume lichte it lat
En deerste [illegible] vanden jare
Als me dan wel gewaere
Ane den hasel openbare
Die bloume brinct te meidde jare
Si es ere groet talle beghinne
Van alkemien diese kinne
Want het gevede oude gewet
Wat so me niet hare beghet
En heeft gueden [illegible]
Want si regnere incet
Vierdalue dach dat es waer
Nu volghet beato naer
beato ditas tatio [illegible] auri
Want dat dan wert gelore
Es te hemelrike verlore
Oec salt hebben welike
Salicheit in erdrike
Als ghelike wert gelore
Met ato die ic seide te uore
Beato heeft ene cracht
Si es cont ter middnacht
En te middaghe es si heet
En sie es ere godweet
Ongheteept allen tijt
Dies wille dat ghi zeker sijt
Dat me niet beghinne mach
Alkemie up hare dach
In .iiij. s dage sie heeft
Al haren tijt vulleeft
creator lunel' lune altitudo [illegible]
Creato ere wel mach
Leue vier dalue dach
Si es naturlike en [illegible]
En gheeft ere groten [illegible]
Alkemien hare mechten
De waerheit salic u dichten
Si es ere gheteept wel
Mer si es harde fel
Den kinde dat dan wert gelore
Tehangene so eist verloren
Ter hellen comet met
Dat es wilen eer geseit
De crude die men leser dan
Ghenesen wel den zieke man
delo lunel' tio [illegible]
Delo es van dier nature
Si gheldt alle creature
Die dan worden gelore
Truegel of bleet sijn si verlore
En de zielen zalich alle
Her es recht dat dit geualle
Alkemien es sie fel

KL Julius habet dies xxxi
Luna uero xxx.

xix	g	Oct. sancti iohannis b.
viii	A	Visitatio marie virginis
	b	Translatio thome apli
xvi	c	Translatio s. Martini
v	d	Nicomedis mris
	e	Oct. aplorum petri et pauli
xiii	f	Wilibaldi epi.
ii	g	Kyliani sociorumque eius mrm
	A	Zenonis et aliorum mrm
x	b	Septem fratrum mrm
	c	Benedicti abbatis transla.
xviii	d	Naboris et felicis mrm
vii	e	Anacleti
	f	Focarij epi
xv	g	Diuisio aplorum
iiii	A	Hilarij mris
	b	Alexij confess.
xii	c	Simphorose cum filiabus
i	d	Arthemij et monachi mrm
	e	Margarethe virginis et mris
ix	f	Praxedis virginis
	g	Marie magdalene

xviii	A	Appollinaris mris
vi	b	Xpine virginis et mris
	c	Jacobi apostoli et xpofori mris
xiiii	d	Anne matris marie virginis
iii	e	Panthaleonis mris
	f	Nazarij et victoris
xi	g	Simplicij et faustini mrm
xix	A	Abdon et sennes mrm
	b	Germani epi et confess.

Tafel 39

Kalenderseite des Juli.

Gebetbuch Jakobs IV. von Schottland, Anfang des 16. Jahrhunderts, Gent-Brügger-Schule. Wien, Österreichische Nationalbibliothek, Cod. 1897, fol. 7v/8r.

Ein typisches Beispiel einer Kalenderdoppelseite stellt das Juli-Bild im Kalender des Gebetbuches Jakobs IV. von Schottland, eines Meisterwerkes der Gent-Brügger-Schule der flämischen Buchmalerei zu Beginn des 16. Jahrhunderts, dar. Der Kalender umfaßt 24 Seiten, zwei gegenüberliegende für jeden Monat. Auf der einen Seite stehen die ersten 22 Tage des Monats, auf der rechten folgen unter dem in eine Landschaft gesetzten Sternbild die restlichen Monatstage. Am Beginn erinnern die großen Buchstaben KL an die Kalendae, den ersten Tag des römischen Monats. Die roten Zahlen in der ersten Spalte des Kalenders sind die „Goldenen Zahlen", die Zahlen eines 19jährigen Mondzyklus. Sie notieren bei jedem Tag die Zahl des Mondzyklusjahres, in dem eine erste Mondphase, also der Anfangstag eines Mondmonates, an eben diesem Tag eintritt. Der gesamte Zyklus begann mit dem 24. Dezember des Jahres 1 v. Chr. In der zweiten Spalte sind die Tagesbuchstaben eingetragen, die sieben Buchstaben von A bis G für die sieben Tage der Woche, beginnend mit A am 1. Jänner. Derjenige der sieben Buchstaben, auf den der erste Sonntag des Jahres fällt, ist der Sonntagsbuchstabe des betreffenden Jahres. In der dritten Spalte des Kalenders folgen die Namen der Heiligen und die Feste des Kirchenjahres, die an den einzelnen Tagen gefeiert werden. In den in goldener Camaieu-Technik gehaltenen Rahmen der Kalenderseiten sind Figuren besonders verehrter Heiliger eingemalt. Auf den Recto-Seiten schwebt in einer Aureole das beherrschende Tierkreiszeichen; im Julibild ist es der Löwe. Die menschenleere Landschaft zeigt Flüsse, Berge, Städte und Himmel. Die Kalenderseiten dürften von Gerard Horenbout gemalt sein, einem der großen Meister der Gent-Brügger-Schule, der nach einer Tätigkeit in Gent bis 1531 Hofmaler Heinrichs VIII. von England war und später wieder in Gent wirkte, wo er 1541 starb.

die Zeus seine Geliebte Io verwandelte, um seine eifersüchtige Gattin Hera hinter das Licht zu führen.

Das Bild des Stiers überschneidet sich mit zwei markanten kleinen Sterngruppen, den im Kopf gelegenen Hyaden und den auf dem Rücken befindlichen Pleiaden. Die Pleiaden waren das wichtigste Kalendergestirn, dessen heliakische Auf- und Untergänge mit Änderungen des Wetters verbunden wurden. Wenn die Sonne im Tierkreis so weit vorgerückt war, daß sie die zuvor bedeckten und überstrahlten Pleiaden freigibt, erscheinen sie in der Morgendämmerung kurz am Osthorizont, um dann gleich darauf in den Strahlen der aufgehenden Sonne zu verschwinden. Jeden Tag kommen sie etwa um vier Minuten früher; so wurden sie immer besser gesehen. Zur Zeit Hesiods fiel dieser Zeitpunkt in die Mitte des Mai und damit in die Erntezeit. Zu Anfang November gingen die Pleiaden gerade bei Sonnenaufgang unter; dann war für das Klima des Mittelmeerraumes die Zeit des Pflügens gekommen. Für die Griechen waren die Pleiaden die „Sieben Schwestern", die sieben Töchter des Atlas und der Pleione, mit den Namen Alkyone, Asterope, Elektra, Kelaino, Maia, Merope, Taygete. Der Jäger Orion näherte sich Mutter und Töchtern mit ungebührlichem Verlangen und verfolgte sie jahrelang, bis Zeus ihn und die Pleiaden als Sternbilder an den Himmel versetzte, wo die erfolglose Jagd weitergeht. In der Erzählung von der Verfolgung der Pleiaden durch Orion liegt eine echte Sternsage vor, die aus der Konstellation und ihrer scheinbaren Bewegung abgeleitet ist. Die Araber nannten die Pleiaden einfach „das Gestirn" oder „Therayya", ein Mädchen, dem der helle Stern Aldebaran nachfolgt, der im südlichen Auge des Stiers steht.

Die Zwillinge waren bereits den Babyloniern als Sternbild bekannt. Im griechischen Mythos wurden sie zu den Zwillingsbrüdern Kastor und Polydeukes (lateinisch Pollux), den sogenannten Dioskuren. Der Name „Dioskuroi" bedeutet „Söhne des Zeus"; Zeus hatte sich der Leda, der Tochter des Königs Thestios von Aitolien, in Gestalt eines Schwanes genaht und die Kinder gezeugt. Bei Homer sind sie aber sterbliche Kinder der Leda und des Tyndareos; nach anderer Überlieferung war nur Polydeukes unsterblicher Sohn des Zeus, Kastor hingegen sterblicher Sohn des Tyndareos. Die Dioskuren verübten manche Helden- und Raubestaten; sie zogen gegen Theseus zu Feld, sie nahmen am Argonautenzug teil, sie kämpften gegen die Amazonen und tauchten bei der kalydonischen Eberjagd auf. Als sie die Töchter des Leukippos raubten, kam es zum Kampf, in dem Kastor fiel. Polydeukes wurde in den Olymp aufgenommen, erbat aber von Zeus die Erlaubnis, mit seinem sterblichen Bruder beisammen sein zu dürfen. Zeus versetzte beide als Sternbild an den Himmel. Nach anderer Überlieferung verbringen die Brüder je einen Tag im Olymp und einen Tag in der Unterwelt.

Das Sternbild des Krebses wurde von den Griechen mit den Taten des Heros Herakles in Verbindung gebracht. Bei der Stadt Lerna in der Peloponnes hauste die neunköpfige Hydra und verwüstete das Land. Herakles bekämpfte das Untier lange, da für jeden abgeschlagenen Kopf zwei neue nachwuchsen; endlich kam Iolaos, der Neffe und Kampfgefährte des Herakles, auf die Idee, mit brennenden Stämmen die Hälse des Ungeheuers zu verätzen, so daß kein Kopf mehr nachwachsen konnte. Hera sandte indes einen Krebs, der Herakles beim Fuß packte, um ihn vom Kampf abzulenken; doch der Held tötete ihn mit einem Fußtritt. Hera würdigte die todesmutige Verwegenheit des Krebses durch dessen Versetzung an den Himmel.

Bereits aus der altorientalischen Himmelskunde stammt der Löwe. Auch die Araber kannten dieses Sternbild. In der griechischen Mythologie wurde daraus jener Löwe, den Herakles bei Nemea auf der Peloponnes nach hartem Ringen erwürgte; seitdem trug der Heros das Löwenfell als Umhang. Hera versetze das Tier an den Himmel.

Auf den Löwen folgt das Sternbild der Jungfrau; die Gestalt hatte ursprünglich Flügel und in der rechten Hand eine Ähre, worauf noch der helle Stern Spica (= Ähre) hinweist; die Attribute gingen auf späteren Darstellungen verloren. In der griechischen Mythologie sah man in der Jungfrau die Erinnerung an die Göttin Dike oder Astraia, die Göttin der Gerechtigkeit, die in der glücklichen und friedlichen Urzeit auf Erden weilte, aber zu Beginn des eisernen Zeitalters, als man Kriege zu führen begann, die Erde verließ und zum Sternbild wurde.

Die Waage ist der einzige leblose Gegenstand im Tierkreis; das Bild dürfte auch erst geformt worden sein, als man das Bedürfnis hatte, den Tierkreis in zwölf gleiche Abschnitte zu teilen. Dazu mußte der Skorpion seine mächtigen Scheren opfern, die einst bis in die Gegend der heutigen Waage ragten. Ptolemaios kennt zwar noch die Bezeichnung „chelai", was sowohl Kralle, Huf oder Greiforgan der Kriechtiere bedeuten konnte; andererseits geht die Verselbständigung der Waage schon auf die Babylonier zurück. Die Araber kannten vor der Einführung der griechischen Astronomie noch den größeren Skorpion. Es gab keinen plausiblen Mythos für das Sternbild; nur der römische Schriftsteller Nigidius Figulus überliefert eine Notiz, daß der phönizische Philosoph Mochos Waage und Gewichte erfunden habe, welche ob ihrer Bedeutung für Wirtschaft und Handel an den Himmel versetzt worden seien; Figulus ließ auch die menschliche Gestalt, die die Waage hält, zum Sternbild werden.

Der Skorpion wurde in der griechischen Sternsage mit dem gewaltigen Jäger Orion in Verbindung gebracht. König Oinopion von Chios habe den Orion gedungen, die schädlichen Raubtiere seiner Insel zu vertilgen. Orion leistete mit seiner Keule ganze Arbeit und prahlte, er werde auf der Erde kein Tier übriglassen. Darüber erzürnte die Göttin Artemis, die Herrin der Tiere. Nach einer ursprünglichen Sage habe Artemis den Orion mit ihren Pfeilen erschossen; nach der späteren Sternsage kroch plötzlich ein riesiger Skorpion aus der Erde, der dem Orion einen tödlichen Stich versetzte; zur Belohnung wurde das Tier an den Himmel versetzt. In der Sage ist offensichtlich die Beobachtung verwertet, daß Orion und Skorpion zueinander in einer gegensätzlichen Beziehung stehen: immer wenn der Skorpion im Osten aufgeht, flüchtet der Orion im Westen unter den Horizont.

Das Sternbild des Schützen stellt einen Kentauren dar, ein Mischwesen aus Pferde- und Menschenleib. Schon die Babylonier kannten an dieser Stelle des Tierkreises ein ähnliches Wesen mit angelegtem Bogen und in einer zwei- und einer vierbeinigen Variante. Von hier haben es die Griechen übernommen. Sie machten daraus den Kentaur Krotos, der als Begleiter der Musen am Helikongebirge lebte und deren Gesängen eifrig Beifall klatschte; ja, Krotos sei der Erfinder des Beifallklatschens gewesen! Die geschmeichelten Musen erwirkten als Dank von Zeus die Versetzung des Schützen Krotos an den Himmel. Das Sternbild erfuhr im Lauf der Zeit allerdings einige Veränderungen. In Babylon waren die Sterne über dem Rücken durch ein paar Flügel und einen zweiten, nach hinten blickenden Tierkopf besetzt. Dies tilgten die Griechen und machten daraus ein wehendes Gewand. Die Araber hatten ursprünglich einen Strauß, der zur Tränke kommt, im Sternbild des Schützen gesehen.

Babylonischer Herkunft ist der Steinbock, ursprünglich eine Mischgestalt aus dem Vorderteil einer Ziege und einem geringelten Fischschwanz, also ein „Ziegenfisch". Noch Ptolemaios setzte diese Gestalt voraus; vereinzelt bei den Griechen und häufiger im Islam begegnet ein vollständiges ziegenartiges Wesen. Der griechische Name Aigokeros bedeutet „der Ziegengehörnte". Infolge der fremden Herkunft des Mischwesens gab es keine plausible Sage im Griechischen. Ovid berichtet von Aigokeros, dem Sohn des halb ziegengestaltigen Aigipan, der ein Milchbruder des kleinen Zeus gewesen sei, weil er mit ihm zusammen auf dem kretischen Idagebirge aufgezogen worden war. Er habe auch eine Muschel als Blasinstrument erfunden. Der Steinbock in Gestalt des Mischwesens fand auch als römisches Feldzeichen Verwendung; Kaiser Augustus habe das Wesen als eine Art von Hauswappen erkoren.

Der Wassermann wird als stehende Gestalt dargestellt, die aus einem Gefäß einen Schwall Wassers ausgießt. Schon die Babylonier kannten die Gestalt, die den Namen Gula trug. Die Griechen verbanden die Figur mit dem von Zeus geraubten Knaben Ganymedes; Ovid meint, daß er Wasser und Nektar ausschütte; doch ist dies nur eine wenig geglückte Verbindung zwischen Mythos und wissenschaftlicher Astronomie, in der die Figur „der Wasserausgießer" heißt. Eine andere Deutung geht auf Deukalion zurück, der vor der Sintflut sich in einer Art von Arche gerettet hätte und nun zuletzt das Wasser ausschütte. Dazu paßt eine syrische Sage, wonach bei der Stadt Hierapolis ein Graben sei, der das Wasser der Sintflut verschluckt habe; als Gedenken daran schütten die Bewohner von Hierapolis zweimal im Jahr Meerwasser in die Grube.

Auch das letzte Bild des Tierkreises, die Fische, stammt aus Babylon. Ein rätselhaftes Band verbindet deren beide Schwänze. Die Phantasie der Griechen konnte mit den Fischen nicht viel anfangen. Orientalischen Ursprungs ist die Sage, daß sich Aphrodite mit dem Erosknaben beim Kampf der Titanen und des Typhon gegen die Götter an den Euphrat geflüchtet und sich in das Wasser gestürzt habe, woraus sie zwei Fische gerettet hätten.

Mit dem Walfisch beginnt in der Anordnung des Ptolemaios die Gruppe der südlichen Sternbilder, die von der nördlichen Erdhalbkugel gesehen unterhalb des Tierkreises liegen. Im Griechischen heißt das Tier „Ketos", was jedes beliebig große Meerestier bezeichnen kann. Die griechische Mythologie sah darin jenes Meeresungeheuer, das die gefesselte Andromeda fressen sollte, aber vom Heros Perseus, der auf dem Pegasos herbeigeflogen kam, erlegt wurde.

Die Winternächte beherrscht das gewaltige Sternbild des Orion, des riesigen Jägers. Nach einer böotischen Sage sei Orion dadurch entstanden, daß die Götter Zeus, Poseidon und Hermes dem kinderlosen Hyrieus, der sie gastfreundlich bewirtet hatte, ein Ochsenfell mit ihrem Samen oder Wasser zum Vergraben übergaben, aus dem nach neun Monaten Orion entsprang. Vor dem Jäger waren weder Tiere noch

Frauen sicher. In Chios warb er um die Tochter Merope des Königs Oinopion und vergewaltigte das ihm nicht gewährte Mädchen. Von Oinopion geblendet, schritt Orion über das Meer, erhielt einen Schmiedegesellen des Hephaistos als Begleiter und wanderte zu Helios, dessen Licht ihn heilte. Die Morgenröte Eos soll Orion als ihren Geliebten entführt haben. Von der Verfolgung der Pleiaden durch Orion war bereits die Rede, ebenso vom Tode des Jägers durch Artemis oder den giftigen Skorpion.

In vielen Windungen zieht sich ein Gebilde vom linken Fuß des Orion hin zum Walfisch. Ptolemaios und Ṣūfī nennen es „den Fluß". Aratos und die Mythendichter identifizierten das Sternbild mit dem Fluß Eridanos (später mit dem Po gleichgesetzt), in den der unglückliche Phaëthon tot hineinstürzte, als er die Sonnenrosse seines Vaters Helios nicht mehr bändigen konnte.

An das Sternbild des Hasen knüpft sich eine Sage aus der Insel Leros. Dort hätte es ursprünglich keine Hasen gegeben; ein Jäger habe deshalb eine trächtige Häsin ausgesetzt. Doch die Hasen vermehrten sich so stark, daß sie zur Landplage wurden. Das Bild des Hasen wurde daher zur Mahnung an den Himmel gesetzt, daß die Menschen lieber auf etwas verzichten sollten, was ihnen zu guter Letzt mehr Unannehmlichkeiten als Annehmlichkeiten bringt. Da sich der Hase zu Füßen des Orion befindet, wurde er auch mit diesem Jäger in Verbindung gebracht, ohne daß es eine mythologische Begründung gegeben hätte. Die Araber hatten im Sternbild einen Thron für die weibliche Gestalt Dschauza erblickt, die sie statt des Orion am Himmel sahen.

Dem Jäger Orion wurden in Gestalt des „Großen Hundes" und des „Kleinen Hundes" vierbeinige Jagdbegleiter beigegeben. Im Kopf des Großen Hundes leuchtet der hellste Fixstern, der Sirius, der für die „Hundstage" verantwortlich gemacht wurde, da sein heliakischer Aufgang in den Strahlen der Morgensonne in der Antike Ende Juli bzw. Anfang August stattfand. Für die alten Ägypter und für die Araber war das Sternbild ein weibliches Wesen gewesen. Der „Prokyon" oder „Vorhund", der nur aus zwei hellen Sternen besteht, läuft im scheinbaren täglichen Umschwung hinter dem Orion her. Wegen seiner nördlichen Lage wird er jedoch bereits vor dem Orion sichtbar. Der Große Hund wurde von den Griechen mit mehreren Sagen bedacht. Vom Kleinen Hund erzählte man, daß es sich um den Hund Maira des Ikarios gehandelt habe, welch letzterem der Gott Dionysos die Weinkultur gelehrt habe. Als Bauern im Rausch glaubten, von Ikarios vergiftet worden zu sein, erschlugen sie den Unglücklichen, und der Hund Maira meldete den Tod seines Herrn dessen Tochter Erigone, die sich daraufhin erhängte. Eine Sage berichtet auch, daß Zeus alle drei als Sterne an den Himmel versetzt hätte, Ikarios als Bootes, Erigone als Jungfrau, Maira als Kleinen Hund.

Für die Griechen war das Sternbild, das die Araber „das Schiff" nannten, jenes berühmte Schiff Argo, mit dem Jason und seine Gefährten nach Kolchis gefahren waren, um das Goldene Vlies zu holen. Die Argonauten erlebten denn auch eine Fülle von Abenteuern. Noch alt geworden, saß Jason gern am Strand unter dem Wrack des Schiffes, um an seine Heldentaten zu denken; eines Tages erschlug ihn ein morscher Schiffsbalken. Am Himmel zieht nun die Argo ihre strahlende Bahn.

Das längste Sternbild erstreckt sich unterhalb von Jungfrau, Löwe und Krebs über ein Viertel des Himmels; es ist die Wasserschlange. Daß dieses Bild babylonischen

Ursprungs ist, beweist eine Ritzzeichnung auf einer Keilschrifttafel aus Uruk (Warka) aus dem dritten Jahrhundert v. Chr., die unter astrologischen Weissagungen das Tierkreisbild des Löwen zeigt, der auf dem Rücken eines langen geschuppten Drachen steht. Auf einer anderen Zeichnung sieht man das Schwanzende, das der Rabe mit dem Schnabel faßt. Die Griechen erblickten fallweise in diesem Ungeheuer die Hydra.

Auf dem Leib der Wasserschlange steht der Krug (oder Becher), ein bauchiges Mischgefäß (Krater), während die Araber darin eine Krippe erblickten. Der Krater diente zum Mischen von Wein und Wasser bei Trinkgelagen, war also ein Ausdruck heiteren Lebensgenusses. Der römische Schriftsteller Macrobius allerdings deutete um 400 n. Chr. den Krater als Sinnbild der Berauschung der aus dem Himmel in die Materie fallenden Seele. Nach platonischer Auffassung stürzt die Seele durch die Sterne und Planeten auf die Erde, wo sie in einen Körper eingeht. Durch das Zeichen des Krebses gelangt, erfährt sie beim Löwen die erste Berauschung mit Materie, wofür der Krug Sinnbild sei; in den Planetensphären erhält sie die Kräfte für das Erdenleben, so vom Saturn die Intelligenz, vom Jupiter die Handlungsfähigkeit, vom Mars den Zorn, von der Sonne Empfindung und Einbildungsgabe, von der Venus das Begehren, vom Merkur Verstand und vom Mond Wachstumsfähigkeit.

Auf dem Körper der Wasserschlange steht auch der Rabe, der gleichfalls bereits aus dem babylonischen Sternenhimmel stammt. Eine lustige griechische Sage erzählt, daß der Rabe auf Befehl des Apollon mit dem Mischkrug Wasser für ein Zeusfest holen sollte; bei der Quelle aber stand ein Feigenbaum, dessen Früchte noch nicht ganz reif waren. Der gefräßige Vogel wartete, bis die Feigen eßbar waren und stillte dann seinen Appetit. Voll des schlechten Gewissens packte er eine Schlange bei der Quelle, füllte den Krug, flog mit beiden zu Apollon und gab an, daß die Schlange ihm immer wieder das Wasser genommen hätte, so daß er nicht eher habe zurückkehren können. Der wissende Gott versetzte darauf Rabe, Krug und Schlange an den Himmel als Warnung für pflichtvergessene Sklaven. In älteren Sagen ist von der Schlange nicht die Rede, so daß anzunehmen ist, daß die Sternsage sich des vorhandenen Erzählgutes sekundär bediente, was zu künstlicher Erzählung führen mußte.

In der antiken und arabischen Tradition gleichermaßen vereint sind die Sternbilder des Kentauren und des Raubtieres (oder Wolfes). Der Kentaur hält das Tier an den Läufen gepackt. Während die Art des Lebewesens in der Antike lange unklar blieb, wurde der Kentaur alsbald mit dem weisen Cheiron identifiziert, der als Erzieher vieler berühmter Helden galt; Achilleus lernte von ihm das Bogenschießen und das Kitharaspiel, Asklepios die Heilkunst; auch Theseus, Jason, Aktaion und die Dioskuren waren bei Cheiron in die Lehre gegangen. Durch eine Unachtsamkeit verletzte sich Cheiron an einem vergifteten Pfeil des Herakles; der unsterbliche Kentaur quälte sich lange, bis ihn Zeus aus Mitleid an den Himmel versetzte.

Ein großes Mißverständnis hat sich des Sternbildes des „Räuchergefäßes" oder „Altars" bemächtigt. Ptolemaios benannte das Bild als „Weihrauchbecken"; so übernahmen es auch die Araber. Wenn dann das Bild als Altar aufgefaßt wurde, stand dahinter die Sage vom Bund des Zeus mit den olympischen Göttern vor dem Kampf gegen die Titanen (oder vor der Verschwörung gegen seinen Vater Kronos), der auf einem Altar besiegelt wurde. In der abendländischen Bildtradition hielt man den

Altar für eine heidnische Opferstätte, die oft mit Flammen und Teufeln vervollständigt wurde, bis schließlich der gemauerte Altar als Brunnen und als Eingang zur Hölle (gemäß Apokalypse 9) aufgefaßt wurde. Michael Scotus machte den Brunnen zum geheimen Ort voll dämonischer Geister.

Zwischen den Vorderhufen des Schützen befindet sich das Sternbild der „südlichen Krone". Da die nördliche Krone die Mythen an sich gezogen hatte, blieb die südliche Krone „ohne Ehren", wie Germanicus sagte. Nur Hyginus machte aus ihr einen Kranz, den der Schütze beim Spiel abgeworfen hätte.

Das letzte der ptolemäischen Sternzeichen ist der südliche Fisch, den die Griechen der babylonischen Himmelskunde entnommen hatten. Eine orientalische Sage, die Ktesias von Knidos um 400 v. Chr. überlieferte, weiß zu berichten, daß die an einem See bei Askalon lebende syrische Göttin Derketo, ein Mischwesen aus Frau und Fisch, sich in einen Jüngling verliebt hätte und diesem ein Mädchen gebar. Die Mutter des Jünglings setzte das Kind aber aus und ließ den Jüngling verschwinden, weshalb sich Derketo in den See gestürzt habe, wo sie zum Fisch wurde. In späteren Sagen ließ man Derketo von einem Fisch retten, der zum Sternbild wurde und als Vater der beiden Fische des Tierkreises galt.

Tafel 40

Astronomische Uhr im Münster zu Straßburg.

Nachdem eine aus dem Jahre 1354 stammende astronomische Uhr in der Kathedrale zu Straßburg zu Beginn des 16. Jahrhunderts stehen blieb, errichtete 1550 Meister B. Nonnenmacher ein steinernes Gehäuse , in dem zwischen 1571 und 1574 von vier Schweizern – dem Mathematiker Konrad Dasypodius, den Schaffhausener Uhrmachern Isaak und Josias Harbrech und dem Maler Tobias Stimmer – sowie dem Breslauer Meister David Wolkenstein die neue astronomische Uhr fertiggestellt wurde. Das 18 m hohe Werk ist in drei Hauptteile geteilt: das Untergehäuse, den Mittelteil und den Gewichteturm. Vor der Uhr steht ein Globus; dahinter befindet sich der Jahreskalender; in den Zwickeln sind die vier Weltreiche der Antike allegorisch dargestellt. Links unten befindet sich ein Kirchenjahrkalender, rechts die Anzeige der Sonnen- und Mondäquationen. Über dem Kalender bewegen sich sieben kleine Wagen mit den Personifikationen der Wochentage. Ein kleines Zifferblatt zeigt die mitteleuropäische und die Ortszeit an. Ein Cherub zur Linken kündigt den ersten Viertelstundenschlag an, ein Cherub zur Rechten leert zur vollen Stunde seine Sanduhr. Zwei Löwen halten als Wappenhalter Wacht. Im Mittelfeld befindet sich ein Sternhöhenmesser; sein Rahmen zeigt die Bilder des Tierkreises. In den Zwickeln sind die vier Lebensalter versinnbildlicht. Über dem Sternhöhenmesser dreht sich eine Kugel, die den jeweiligen Stand der Mondphasen anzeigt, vor einem gemalten Sternenhimmel. In einem zweigeschossigen Erker steht der Tod, der die vollen Stunden schlägt; vor ihm ziehen im Viertelstundentakt ein Kind, ein Jüngling, ein Krieger im Mannesalter und ein Greis vorbei. Mittags beginnt im oberen Erker die Prozession der zwölf Apostel vor dem segnenden Christus, während ein Hahn dreimal kräht. Über dem Erker thront der Prophet Jesaja inmitten der vier Evangelisten. Ein Türmchen zur Linken trägt die Gemälde der Muse Urania, des Astronomen Nikolaus Kopernikus und des Erneuerers der Uhr, J. B. Schwilgue.

علي

Taf. 41

Kirchenkuppel als Himmelssymbol.

Istanbul, Hagia Sophia (Ayasofya Müzesi), 537; Kuppel 563 erneuert.

Die Himmelssymbolik fand auch Eingang in den christlichen Kirchenbau. Schon in vorchristlicher Zeit galt die Kuppel als Symbol des sonnendurchstrahlten Himmels über einem heiligen Ort oder Gegenstand. Im gleichen Sinn wurde die Kuppel der griechischen Zentralbauten, der Kuppelkirchen, von den byzantinischen Mystagogien als Symbol des Himmels gedeutet. Der Zentralbau konnte in vorchristlicher Zeit auch als Erdkreis gesehen werden, der von der Himmelskuppel überwölbt wird. Man denke an die Domus aurea in Rom oder an spätantike Mausoleen. Weil Maria als Repräsentantin der Ecclesia und als Fürsprecherin der Menschheit aufgefaßt wurde, konnte die Kuppelkirche auch gerne für Marienkirchen verwendet werden. Auf die Kuppel gemalte Sterne konnten den astralen Charakter unterstreichen; mit Sternen bedeckte Gewölbe haben sich aus spätantiker Zeit erhalten.

Eine der vollkommensten Kuppelbauten ist die von Justinian I. errichtete Kirche der Hagia Sophia zu Konstantinopel, die 537 eingeweiht wurde. Die 538 eingestürzte Kuppel wurde 563 erneuert. Die Wirkung des vielstufigen Kuppelsystems und der schwerelosen Dachkonstruktion wird durch die Lichtflut gesteigert, die tagsüber den reich geschmückten Innenraum erfüllt.

Taf. 42

Die Planetenbahnen.

Georg von Peurbach, Theoricae novae planetarum. Nürnberg 1473.
Wien, Österreichische Nationalbibliothek, Ink. 21. C. 18, fol. 4r.

Georg von Peurbach (1423–1461) zählt zu den bedeutendsten Astronomen des 15. Jahrhunderts. Er vereinte humanistisch-philologische und naturwissenschaftliche Neigungen und war daher sowohl mit exakter mathematischer Astronomie als auch mit dem Studium der antiken Quellen der Himmelskunde beschäftigt. Sein Traktat über die Planetenbewegungen wurde zum beliebten Lehrbuch und erlebte zwischen 1473 und der Mitte des 17. Jahrhunderts über 50 Druckauflagen. Es stellte eine verbesserte Bearbeitung des ptolemäischen Systems dar.

Die Abbildung zeigt das Epizykel- und Deferentensystem der Planetenbahn: der Planet bewegt sich auf einem Kreis, dem Epizykel, dessen Mittelpunkt auf einem weiteren Kreis, dem Deferenten, liegt, der sich um die Erde herumdreht.

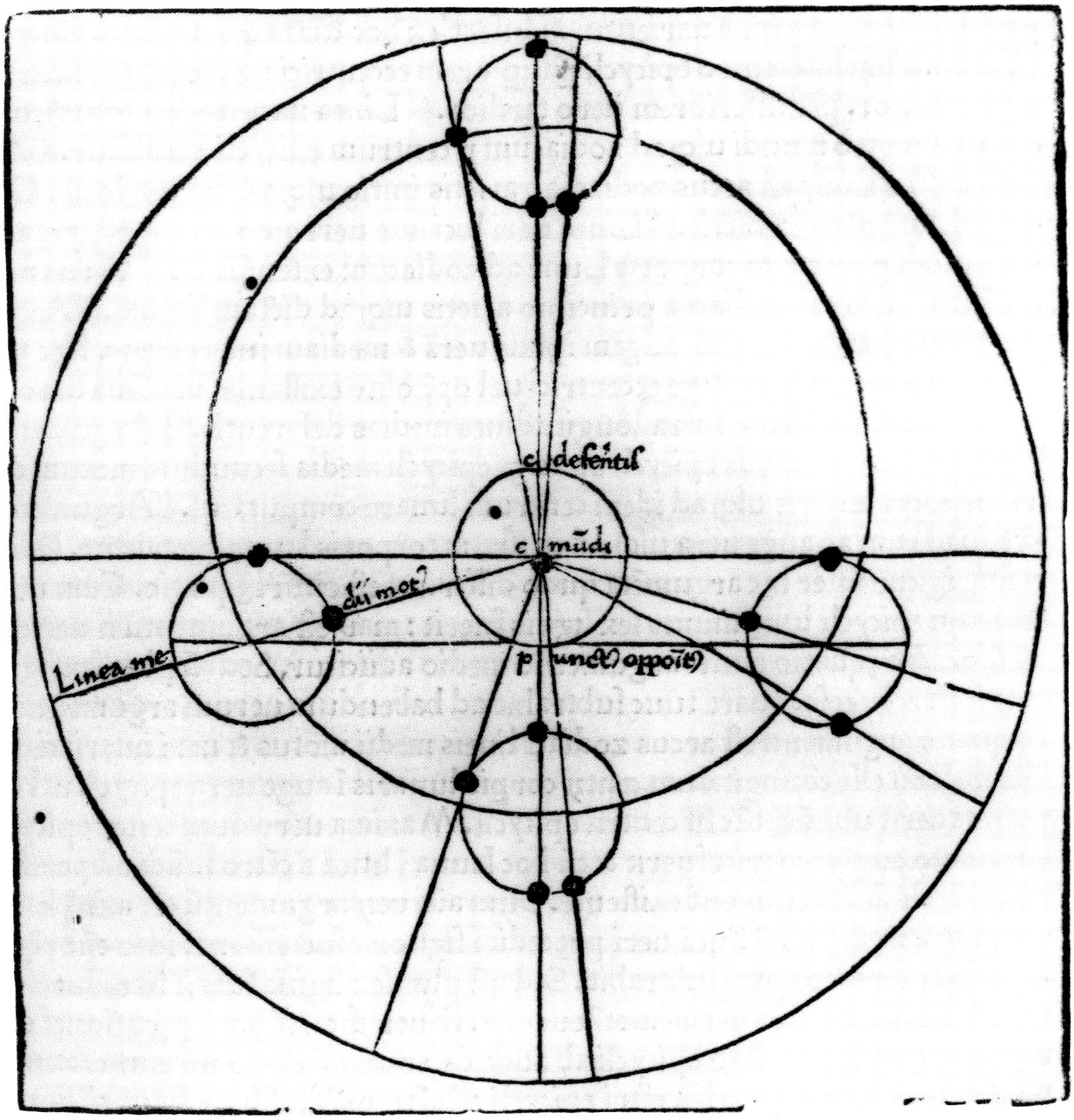
c deferentis
c mūdi
dū mot⁹
Linea me
p unct⁹ oppoit⁹

GRAMMATA QVI SOPHIE QVERIT COGNOSCERE VERE

Taf. 43

Kreuzigung als kosmisches Geschehen.

Prachteinband des Codex Latinus Monacensis 4452 (= Cim. 57) der Bayerischen Staatsbibliothek in München, Vorderdeckel; 9./11. Jahrhundert.

In der Mitte des Prachteinbandes ist eine vielfigurige Elfenbeintafel eingesetzt, die in vielen Szenen das Geschehen, die Auswirkung und die Bedeutung des Todes Jesu am Kreuz veranschaulicht. Das Bild ist voller theologischer Bezüge und Symbole. Am Stamm des als Lebensbaum gekennzeichneten Kreuzes hängt Jesus, dem Longinus die Seite öffnet; klagende Frauen, Stephaton mit Ysopstab und Johannes flankieren des Kreuz. Die Ecclesia entreißt Jerusalem den Erdkreis. In den Ecken sind Sol und Luna in ihren von Pferden bzw. Ochsen gezogenen Wagen wiedergegeben. In der Mitte stehen die drei Frauen vor dem Grab; unten steigen Auferstandene aus den Gräbern; Okeanos, Roma und Gaia lagern am Boden. Die Kreuzigung ist durch die Symbole von Mond, Sonne, Ozean und Erde als universales kosmisches Geschehen bezeichnet. Das Elfenbein ist eines der Hauptwerke der karolingischen Elfenbeinschnitzerei aus dem dritten Viertel des 9. Jahrhunderts. Es bedeckt das Perikopenbuch Kaiser Heinrichs II., das um 1000 auf der Reichenau entstanden ist.

Taf. 44

Krönung Mariens auf dem Sternenthron.

Jacopo Torriti, Krönung Mariens. Apsismosaik in Rom, Santa Maria Maggiore, um 1292/5.

In der französischen und italienischen Ikonographie entstand die Krönung Mariens in Fortführung des Motivs von der königlichen Braut auf dem Thron neben dem Christus-König. Die ersten Beispiele tauchen im 12. Jahrhundert auf. Es handelt sich um eine Inthronisation, bei der auch liturgisch verarbeitete Texte aus dem Hohen Lied im Spiel sind. Vermutlich unter französischem Einfluß hat Jacopo Torriti im Apsismosaik von Santa Maria Maggiore zu Rom um 1290/95 eine wirkliche Krönung Mariens durch Christus dargestellt. Den kosmischen Charakter der Szene drückt der Sternenthron aus. Sonne, Mond und Sterne umgeben die Inthronisation zum Zeichen von deren universaler Bedeutung. Torriti hat auch byzantinische Elemente aus der Palaiologenzeit verarbeitet und in sehr eigenständiger Gestaltung des Motivs östliche und westliche Kunsttraditionen verbunden.

Die Macht der Sterne

Die enge Verflechtung von Astronomie und Astrologie zeigt beredt, wie sehr mythologische Wurzeln der Wissenschaft mit rationaler Denkweise durch lange Zeit eine enge Verbindung eingehen konnten. Die meisten gebildeten Menschen des Mittelalters glaubten noch mehr oder weniger intensiv daran, daß die Himmelskörper Einfluß auf die irdischen Ereignisse ausüben könnten. Sie führten den Ursprung der Astrologie auf die „Chaldäer" oder die „Ägypter" zurück, um der Sternenkunde ein möglichst hohes Alter zubilligen zu können. In der Tat scheint die Quelle der Astrologie in Mesopotamien zu liegen. Zu ihren Grundlagen dürfte die Omen-Astrologie gehören, die sich mit Ereignissen von allgemeinem Interesse beschäftigte, die an die Himmelskörper gebunden wurden. Das Grundaxiom der Astrologie besagte ja, daß ein erkennbarer Zusammenhang zwischen Makrokosmos und Mikrokosmos, zwischen Gestirnen und irdischem Leben bestehe. Ein anderes Axiom besagt, daß es kosmische Phänomene gibt, die einerseits astronomisch beschreibbar sind und die doch auch individuell sind, weil sie nur für bestimmte Menschen gelten. So gehen bereits wichtige Grundbegriffe der Horoskopie auf die Babylonier zurück. Nach den Zügen Alexanders des Großen († 323 v. Chr.) verbreitete sich die orientalische Astrologie im hellenistischen Raum; die „Weisheit der Chaldäer" wurde von den Griechen übernommen. Auch aus Ägypten strömten astrologische Vorstellungen und Schriften ein. Die ältete Gesamtdarstellung der hellenistischen Astrologie ist die „Tetrabiblos" des Ptolemaios aus dem zweiten nachchristlichen Jahrhundert. Es ist bezeichnend, daß selbst einer der größten mathematischen Astronomen des Altertums es für notwendig fand, eine astrologische Ergänzung zu seinem wissenschaftlichen Werk zu geben. Mochte der Autor auch davon ausgehen, daß die Einflüsse der Himmelskörper rein physisch seien, bietet er doch nur eine Kodifikation abergläubischer Vorstellungen aus älteren Traditionen; behandelt werden unter anderem kosmische Einflüsse auf die Völker und das Wetter wie aus Horoskopen erschlossene Einflüsse auf das Menschenleben. Im 4. Jahrhundert schrieben auch Paulos von Alexandreia und Hephaistion von Theben über Astrologie. Überall verknüpften die Griechen die aus dem Orient übernommenen astrologischen Vorstellungen mit der geometrischen Planetentheorie. Durch die Lehre Platons und der Pythagoreer von der Göttlichkeit der Gestirne wurden die Bestrebungen der Astrologen naturgemäß gefördert. In der Spätantike konnte sich derart der Astrologe als Interpret des Willens der Himmelsgötter betrachten. Mit der Verbreitung des Christentums schwand diese Idee als theologischer Lehrsatz zwar allmählich, doch überlebte die Astrologie als eine Form der Weissagung, die astronomische Fachkenntnisse zur Voraussetzung hatte. Eine Reihe von Autoren begründeten eine christianisierte Astrologie. Schon im 3. Jahrhundert hatte Origenes gemeint, daß Astrologie vom Fatalismus gereinigt werden könne.

Augustinus lehnte Astrologie an sich ab, glaubte aber an Gottes Vorherwissen und Vorherbestimmung des menschlichen Schicksals. Der vielgelesene Stoiker Manilius pries die Ordnung des Weltalls, in dem der alles durchwaltende Geist das Menschenschicksal von den Sternen abhängig mache. Firmicus Maternus meinte im 4. Jahrhundert, daß Gebet gegen die Einflüsse der Sterne schützen könne. Macrobius betrachtete die Sterne als Zeichen, nicht als Ursache künftiger Ereignisse. Wenn nun der Astrologie eine Rolle als „Naturwissenschaft" zugebilligt wurde, mußte sie in der mittelalterlichen Weltsicht einen festen Platz einnehmen.

Eine neue Ära brach an, als ab dem 12. Jahrhundert eine Fülle von arabischen astrologischen Traktaten in das Abendland einströmte. Schon kurz nach dem Beginn des Islams hatte die Astrologie der eroberten Länder ihren Weg bis in die Umgebung der arabischen Herrscher gefunden. Denn gerade im 6. und 7. Jahrhundert hatte die Astrologie im sassanidischen Persien eine hohe Blüte erlangt. Nach bescheidenen Anfängen setzte die eigentliche Übersetzungswelle unter Kalif al-Mansur (754–775) ein; der größte Teil der Übersetzungen echter und unechter Schriften stammte aus dem Griechischen und dem Pehlevi. Al-Biṭrīq ibn Yaḥyā besorgte die Übersetzung der Tetrabiblos des Ptolemaios. Der Widerstand von theologischer Seite war nie so stark, daß die Astrologie allgemein verurteilt worden wäre. Das Zusammentreffen der islamischen Gesellschaft mit der Astrologie der hellenistischen Epoche erfolgte zudem zu einer Zeit, in der Astronomie und Astrologie noch nicht hinreichend unterschieden waren.

Zu den bedeutendsten älteren arabischen Astrologen zählte Māšā'allāh († gegen 815). Er gehörte der synkretistischen persischen Schule an, in der babylonisches, griechisches und indisches Wissen zusammenflossen. Sein großes Buch der Genethlialogie ist in der lateinischen Übertragung von Hugo von Santalla unter dem Titel „Libellus de nativitatibus" erhalten. Johannes Hispalensis übertrug die Schrift „Epistola de rebus eclipsium et coniunctionibus planetarum". Als universaler Gelehrter hat Ǧābir ibn Ḥaiyān auch Astrologie betrieben; für ihn kann von einer Wirkung der Planeten aber nur dann gesprochen werden, wenn im Wesen des Empfangenden eine geeignete Natur vorhanden ist. ʿUmar ibn al-Farruḫān war einer der Astrologen beim Bau der neuen Residenz Bagdad (762); sein Buch über die Geburten übersetzte Johannes Hispalensis unter dem Titel „De nativitatibus" ins Lateinische; auch das Buch „De iudiciis astrorum" geht auf ihn zurück.

Al-Faḍl ibn Sahl (im Westen als Alfadhol bekannt; † 818) gehörte zu den Astrologen des Kalifen Harun. In seiner Abhandlung „Buch der zwölf Tierkreiszeichen" berichtet er, daß er Bücher der Griechen, Perser und Kopten benützt habe. Gerhard von Cremona hat im 12. Jahrhundert den „Liber Alfadhol" ins Lateinische übersetzt. Zu den berühmtesten Astrologen des 9. Jahrhunderts zählte Abū ʿAlī al-Ḫaiyāt (im Westen Albohali genannt), dessen „Buch der Geburten" von Plato von Tivoli (1136) und Johannes Hispalensis (1153) ins Lateinische übertragen wurde. Unter dem Namen Albubather (oder Alkasan) bekannt wurde Abū Bakr al-Ḥasan ibn Abī al-Ḫasib al-Kūfī (um 844/45); er schrieb eine Einführung in die Astronomie, eine Prognostik und eine Genethlialogie. Die Prognostik wurde von Plato von Tivoli übersetzt, die Genethlialogie von Salio von Padua (1218). Berühmt wurde im 9. Jahrhundert auch

Abū ʿUṭmān Sahl ibn Bišr (im Westen als Zahel oder Zahel Benbriz benannt) durch sein Buch der astrologischen Horoskope; von ihm ist Leopold von Österreich in seiner „Compilatio de astrorum scientia" abhängig. Der bedeutendste Astrologe des Mittelalters war sicherlich Abū Ma'šar Ǧa'far ibn Muḥammad ibn ʿUmar al-Balḫī (im Westen als Albumasar bekannt; † 886). Er hat versucht, der Astrologie auf Grund naturphilosophischer Zusammenhänge eine theoretische Basis zu verleihen. Seine Nachwirkung war gewaltig; die Kosmologen des 12. und 13. Jahrhunderts wie Raymond von Marseille, Wilhelm von Conches, Hermann von Kärnten, Daniel von Morley sind weitgehend von ihm abhängig. Aus der Feder von Abū Ma'šar stammt das wohl populärste Buch, der „Liber introductorius", übersetzt von Johannes Hispalensis. Adelard von Bath übertrug eine „Ysagoge minor in astronomiam"; weitere Übersetzungen betrafen Werke über Horoskope, Konjunktionen der Himmelskörper oder Auswahl geeigneter Zeiten. Zu den populären Büchern zählte auch der Kitāb al-Bārī des Ibn Abī r-Rigāl (lateinisch Abenragel, Albohazen) aus dem 11. Jahrhundert; das astrologische Buch wurde ins Lateinische, Hebräische, Kastilische, Englische und Französische übersetzt. Die Tetrabiblos des Ptolemaios wurde von Aegidius de Tebaldis ins Lateinische übertragen.

In der Astrologie des Abendlandes verschmolzen die Traditionen vieler Kulturen. Als Beispiel sei der populäre „Liber introductorius" des Albumasar genannt. Darin sind neuplatonisches und aristotelisches Gedankengut vermengt; dazu treten persische, indische, griechische und frühe arabische Elemente. Manche Ideen hatten eine lange Nachwirkung. So lehrte Albumasar, daß Aufstieg und Niedergang politischer oder religiöser Ereignisse mit den „Großen Konjunktionen" von Saturn und Jupiter in Verbindung stünden. Westliche Autoren griffen diese Lehre gerne auf und erklärten damit epochale Ereignisse, wie die Geburt Jesu oder den Aufstieg des Islam, oder wandten sie auf zeitgenössische Vorkommnisse an. Noch in der Zeit Keplers war diese Auffassung lebendig; sie wurde etwa zur Erklärung des Ausbruches der Reformation herangezogen.

Durch den Austausch zwischen den wissenschaftlichen Zentren Europas erfuhren die neuentdeckten Ideen rasche Verbreitung. Ihre Vereinbarkeit mit Aristoteles sicherte ihnen eine gewisse Anerkennung; auch wurden Bemühungen unternommen, die Kirche mit der Astrologie zu versöhnen. Astrologische Elemente finden sich in den großen Enzyklopädien wie jenen des Alanus ab Insulis († 1202), Alexander Neckam († 1217), Vinzenz von Beauvais († 1264) und Bartholomaeus Anglicus (13. Jahrhundert). Vinzenz lehrte einen direkten Einfluß der Gestirne nur auf Pflanzen und Tiere, während die menschliche Seele nur geneigt, nicht aber gezwungen wäre, in bestimmtem Sinn zu handeln. Der Mathematiker und Theologe Thomas Bradwardine († 1349) tolerierte Astrologie. Thomas von Aquin († 1274) lehnte sie aus religiösen Gründen ab. Cecco d'Ascoli wurde 1327 verbrannt, weil er teuflischen Geistern und dem Determinismus die Bahn bereitet hätte. Der Stil und das Niveau der spätmittelalterlichen Astrologie waren sehr unterschiedlich; der Bogen spannte sich vom theatralischen Stil eines Cecco d'Ascoli und Guido Bonatti bis zu einem trockenen, mathematischen Stil nach Art der Pariser oder Oxforder astrologischen Schule. Selbst aufgeklärte Humanisten wandten sich nicht gänzlich von der Astrologie ab.

Motive der Astrologie drangen ab dem 14. Jahrhundert in Baukunst, Buchmalerei und andere bildende Künste ein. Selbst an astronomischen Uhren fand sich astrologisches Beiwerk. Auch die Astronomie war vielfach ein vorgeschobenes Argument für die Rechtfertigung der Astrologie. Zahlreiche Astrologen standen im Dienst fürstlicher Mäzene. Wohl gab es immer wieder Kritiker; so führte Nicolaus von Oresme († 1382) wohlbegründete Angriffe gegen die Astrologie. Doch das Interesse hielt unvermindert im 15. Jahrhundert an; erst im 16. Jahrhundert erfolgte auf akademischer Ebene eine Abschwächung der Popularität der Astrologie.

Die in der alten Welt als Götter angesehenen Planeten spielten in der Welt der Prophetie und Weissagungen schon früh eine Rolle. Den sieben Planeten wurden bestimmte Einflüsse zugeschrieben, die sich je nach ihrer Stellung zur Erde mehr oder weniger stark bemerkbar machten. Der Planet, dessen Macht zur Geburtsstunde eines Menschen am größten war, prägte nach allgemeiner Auffassung dessen Charakter und war daher für dessen Lebensweg bestimmend. Ein solcher Einfluß setzt naturgemäß anerkannte physische und moralische Eigenschaften bei den einzelnen Planeten voraus. Diese ergaben sich einerseits aus ihren antiken Götternamen. In späterer Zeit übertrug man auf die Planeten die vier aristotelischen Elemente Feuer, Luft, Wasser und Erde und die ihnen entsprechenden Temperamente Hitze, Feuchtigkeit, Kälte und Trockenheit. Nach der Symboltheorie wurden Kräfte und Mächte, die schon der vorantike Mensch in sich spürte, als das Wirken von Göttern gedeutet, die er dann mit den Planeten identifizierte. Dieser Theomorphismus wurde der Astrologie ja auch zum Vorwurf gemacht; mit Götternamen, die ursprünglich nichts mit den Himmelskörpern zu tun hatten, hätten die antiken Astrologen eine Fülle von Möglichkeiten der Interpretation gewonnen; alle Fähigkeiten eines griechischen, römischen oder schon babylonischen Gottes gingen auf dessen Gestirn über und dienten derart zur Deutung der Konstellationen. Dieser Gedankengang ist noch deutlich greifbar in der mittelalterlichen Vorstellung von den Planetenkindern. Noch im Buchdruck der frühen Neuzeit gab es Publikationen mit der Beschreibung und bildlichen Darstellung der Planetenkinder; die unter der Herrschaft eines Planeten geborenen Kinder erhalten die Eigenschaften und Fähigkeiten eines antiken Gottes, die auf den Planeten übergegangen sind. So muß etwa der Planet, der nach dem Gotte Kronos – Saturn – benannt ist, Menschen wie Kronos selbst formen, also deren Persönlichkeitsprofil und deren Berufswahl determinieren. In Blockbüchern des 15. Jahrhunderts ist folgende Serie der Planetenkinder zu finden:

1. Saturn wird mit Sichel und Krücke dargestellt; er galt als kalt, trocken, langsam und träge. Ihm zugeordnet sind die Tierkreiszeichen Steinbock und Wassermann. In seinem Banne stehen Menschen, die der Erde verbunden sind, also Bauern, aber auch Krüppel und Verbrecher.

2. Jupiter trägt Pfeile und Stab in Händen. Seine Temperamente sind Hitze und Feuchtigkeit; ihn flankieren die Tierkreiszeichen Schütze und Fische. Die Jupiterkinder streben nach Reichtum und Gelehrsamkeit; sie gehen gerne zur Jagd, halten hof und widmen sich dem Studium.

3. Der Kriegsgott Mars trägt als Symbol ein Banner mit Flammenzeichen; seine Eigenschaften sind Hitze, Trockenheit, Zorn und Heftigkeit. Ihm sind die Tierkreis-

Taf. 45

Christus und der Zodiakos.

Illustration zu Psalm 64 (65), Vers 8–9 im Utrechter Psalter, um 830.
Utrecht, Universitätsbibliothek, Ms. 32, fol. 36r.

Schon das Altertum kannte Darstellungen des Tierkreises mit Gottheiten im Zentrum, die die kosmologische Gesamtschau der Heilsgestalt bewußt machen wollten. Die christliche Kunst kennt dementsprechend Christusbilder inmitten des Zodiakos; damit soll die universale Bedeutung Christi und seiner Botschaft symbolisiert werden. Im Utrechter Psalter ist eine Illustration zu Psalm 64 (65), Vers 8–9 („Der du stillest das Rauschen des Meeres, das Rauschen seiner Fluten. Es tosen die Völker; von Furcht sind ergriffen, die wohnen an den Enden der Erde. Vor deinen Zeichen erfüllst du mit Jubel die Pforten des Morgens und Abends") gezeichnet. In einem Kreis, der mit den Bildern des Tierkreises und der Sonne und des Mondes besetzt ist, steht Christus auf einem Berg, flankiert von Engeln, vor ihm Raubtiere; in einem von einer Stadtmauer umringten Ort findet eine Opferszene vor einem Heiligtum statt; andere Menschen starren bewegt empor.

UM ;
ABUNTEÚ
UNT· FIR
IBISERMO
M ;
NTIUTABS
AQUEOS·

IANTESSCRUTINIO;
ACCEDETHOMOETCORALTÚ
ETEXALTABITURDS;
SAGITTEPARUULORÚFAC
TAESUNTPLAGEEORUM·
ETINFIRMATAESUNT
CONTRAEOSLINGUAEORÚ

OPERADI·ETFAC
INTELLEXERUNT
LAETABITURIUS
DÑOETSPERAB
ETLAUDABUNT
NESRECTICOR

NEM
TICÚHIE
DYM
N · ETTIBI
OTUM
EM·
ONEMME
NISCARO

REMIAEETAGGEIDE
UERBOPEREGRINA
UENIET;
UERBAINIQUORUMPRAE
UALUERUNTSUPERNOS·
ETIMPIETATIBUSNOS
TRISTUPROPICIABERIS;
BEATUSQUEMELEGISTI

TIONISQUA
CIPIEBANTP
ETADSUMSISTI
TABITINATRIIS
REPLEBIMURINB
DOMUSTUAE·S
TEMPLUMTUUM
LEINAEQUITA

ويسمى التى فى الحرارات الفقرات ويسمى الاثنين اللذين على طرف الذنب الشوله وهذه صورته والله اعلم

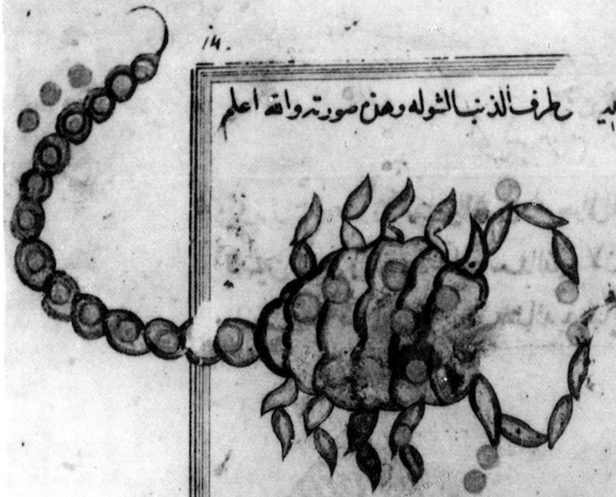

كوكبة الرامى ويسمى القوس

وكواكبه احدى وثلثون كوكبا من الصورة وليس
حواليه شى من الكواكب المرصودة والعرب تسمى
الاول الذى على النصل والذى على مقبض القوس و
الذى على الطرف الجنوبى من القوس والذى على
طرف اليد اليمنى من الدابه النعام الوارد لانهم
شبهت بنهر والنعام قد ورد النهر ويسمى الذى
على المنكب الايسر والذى على فوق السهم والذى على الكتف الايسر والذى تحت الابط وهو بعيد عن المجرة الى ناحيه
المشرق النعام الصادر وشبهتها العرب بنعام شربت من النهر وصدرت ويسمى اللذين على الستة الشمالية
من القوس الظليمين واللذين على الفخذ اليسرى والساق الصردين وهذه صورته والله سبحانه وتعالى اعلم

Taf. 46

Sternbilder des Schützen und des Skorpions.

Al-Qazwīnī: ʿAǧaʾib al-maḫluqāt. Ägypten oder Syrien, 13. Jahrhundert.
Wien, Österreichische Nationalbibliothek, Cod. mixt. 331, fol. 14r.

Die vorislamischen Araber besaßen bereits astronomische Kenntnisse und eigene Sternbildtraditionen. Durch die Übersetzung der griechischen astronomischen Werke wurden die Araber mit der hellenistischen Himmelskunde bekannt. ʿAbd ar-Raḥman aṣ-Ṣufī (903 bis 986) versuchte als erster, die Gestirnnamen der einheimischen arabischen Überlieferung mit den griechischen Sternbildern in Beziehung zu bringen, ein nicht leichtes Unterfangen, da sich die Figuren beider Systeme überschnitten und nicht deckungsgleich waren. Die Tradition, die aṣ-Ṣufī begründete, wirkte im islamischen und abendländischen Kulturkreis nach. In arabischen Enzyklopädien wie den „Wundern der Länder" des vielgereisten Geographen Zakarīyā ibn Muḥammad ibn Maḥmud al-Qazwīnī († 1283) lebten die kosmologischen Kenntnisse, die der Islam erarbeitete, fort. Die aufgeschlagene Seite aus einer Handschrift des al-Qazwīnī aus dem 14. Jahrhundert zeigt die Miniaturen der Sternbilder des Schützen und des Skorpions inmitten des kommentierenden Textes.

Taf. 47

Komet und Mond als Unheilkünder.

Hartman Schedel: Weltchronik. Nürnberg 1493.
Wien, Österreichische Nationalbibliothek, Ink. 6. A. 15, Bl. CXLI verso.

Die Natur der Kometen war lange Zeit nicht erkannt worden; man hielt sie sogar für meteorologische Phänomene der sublunaren Sphäre. Aristoteles erklärte sie als Ausdünstungen heißer, trockener Dämpfe der von der Sonne erhitzten Erde. Kometen galten als Vorzeichen mit guter oder meist schlechter Vorbedeutung. Das Erscheinen von Kometen und merkwürdigen Phänomenen am Himmel wurde in mittelalterlichen Chroniken oft mit Katastrophen in Zusammenhang gebracht.

Ein Beispiel für viele sei aus der Weltchronik des Hartmann Schedel zitiert, der unter Ereignissen des ausgehenden 5. Jahrhunderts Erdbeben in Konstantinopel, Feuerzeichen und Stangen am Himmel, Verdunkelung des Mondes und die Erscheinung eines Kometen bei Tholosa erwähnt, zu jener Zeit, als die Ketzerei der Akephalen entstand, die die Zweinaturenlehre des Konzils von Chalkedon leugneten.

Taf. 48

Stellare Wunderzeichen beim Tode eines Fürsten.

Hartmann Schedel: Weltchronik. Nürnberg 1493.
Wien, Österreichische Nationalbibliothek, Ink. 6. A. 15, Bl. XCII verso.

Bereits in älteste Zeiten geht die Vorstellung von Omina, von Wunderzeichen am Himmel und auf Erden zurück, die mit politischen Ereignissen, den Schicksalen großer Menschen, ganzer Völker oder mit Katastrophen in Zusammenhang stehen sollten. Die Geschichtsbücher sind voll von Berichten über derartige Vorkommnisse.

Ein Beispiel für viele sei abermals aus Hartmann Schedels Weltchronik genommen. Der Autor berichtet, daß am Tage nach der Ermordung Caesars drei Sonnen aufgegangen und im Orient erschienen wären, die sich von Zeit zu Zeit zu einer Sonne zusammengezogen hätten. Dafür werden zwei Deutungen vorgebracht. Zum einen sollte ausgedrückt werden, daß die Herrschaft der Caesarmörder, des Marcus Antonius und des Augustus zu einer Herrschaft zusammengezogen werde. Zum anderen solle das Phönomen bedeuten, daß die Botschaft des dreifaltigen und doch einen Gottes nahe bevorstehe.

zeichen Widder und Skorpion zugeordnet. Die in seinem Zeichen Geborenen neigen zu Gewalt, Krieg, Brandstiftung, Mord und Totschlag.

4. Dem Sonnengott Sol, der Buch und Szepter hält, entspricht das Zeichen des Löwen. Er vereint in gemäßigter Form die Eigenschaften von Feuchtigkeit, Hitze und Trockenheit. Seine Kinder sind emotional veranlagt, musisch, religiös, aber auch aggressiv und herrschsüchtig.

5. Die Liebesgöttin Venus steht zwischen Stier und Waage; sie besitzt ein mäßig feuchtes und kühles Temperament. Ihre Attribute sind Spiegel und Blumenstrauß. Ihre Kinder ergeben sich dem Lebensgenuß und dem Liebesleben.

6. Merkur mit den Attributen des Botenstabes und des Geldbeutels ist in seinem Temperament sehr schwankend. Als Tierkreiszeichen stehen ihm Jungfrau und Zwillinge zu. Seine Menschenkinder pflegen die schönen Künste, malen, musizieren, sind Bildhauer, schmieden, schreiben und kochen.

7. Die Mondgöttin Luna wird mit Fackel, Horn und Rädern und mit dem Sternzeichen Krebs dargestellt. Sie gilt als feucht und kalt, fallweise aber auch von der Sonne erwärmt. Ihre Kinder lieben das Wasser, sind also Fischer oder Schwimmer, betreiben eine Wassermühle, sind aber auch lockere Gesellen, die zu Gaunereien oder zum Glücksspiel und zu Gaukeleien neigen.

Der Aberglaube nahm im ausgehenden Mittelalter auch deswegen zu, weil das allgemeine Weltbild erschüttert wurde und die heilsgeschichtliche Überzeugungskraft der Kirche nachließ. Allerlei Geheimwissenschaften wucherten, Mantik und Wahrsagerei blühten. Auch die in der Antike entwickelte Kunst der Chiromantie, der Weissagung aus der Hand, wurde im Spätmittelalter an Erkenntnisse aus der Astrologie gekoppelt. Den Fingern entsprachen bestimmte Planeten und deren Eigenschaften. So schrieb man dem kleinen Finger Venus zu, die Glück in der Liebe und schöne Kinder brachte; die Sonne beherrschte den Ringfinger und symbolisierte Freundschaft, Macht und Ehre. Im Zeichen des Saturns stand der Mittelfinger, in dem die Fähigkeit zu magischen Künsten steckte, im Zeichen des Jupiters der Zeigefinger und damit die Verbindung mit Würden, Ehrenstellen und dem Klerikerstand. Der vom Mars beherrschte Daumen sollte der Sitz von Stärke, Tapferkeit und Wollust sein; das Dreieck in der Mitte der inneren Handfläche regiert Merkur mit seinen Eigenschaften Klugheit, Gelehrsamkeit und Geschick zum Diebstahl. Der Rand der Hände steht unter dem Einfluß des Mondes, wo sich Zeichen für Schleimfluß, Erstickung und Schiffbruch zeigen.

Sobald es in der Geschichte der Astronomie einen Kalender gab, konnten planetare Bewegungen berechnet und vorausgesagt werden. Der erste Schritt war die Erfindung des Tierkreises, der wohl in erster Linie der Zeitmessung diente, dann aber auch in die Astrologie einbezogen wurde. Man muß bei der Betrachtung des Tierkreises zwischen Ekliptik und Tierkreis unterscheiden. Die Ekliptik ist ein Größtkreis der Himmelskugel, der Schnittkreis der Erdbahnebene mit der Himmelskugel, wobei die Erde im Zentrum steht; die Sonne bewegt sich daher scheinbar in der Ekliptik. Der Tierkreis oder Zodiakos ist die Zone beiderseits der Ekliptik von etwa 16° Breite, innerhalb deren sich Sonne, Mond und die Planeten in ihren scheinbaren Bahnen bewegen. Der Tierkreis ist eingeteilt in zwölf Tierkreissternbilder und zwölf gleichnamige Zeichen von je 30° Länge. Die Ekliptik ist in 360 Grade eingeteilt. Die einzelnen Werte sind dabei die folgenden: 1. Zeichen Widder = 0°–30° am Tierkreis gemessen; 2. Zeichen Stier = 30°–60°; 3. Zeichen Zwillinge = 60°–90°; 4. Zeichen Krebs = 90°–120°; 5. Zeichen Löwe = 120°–150°; 6. Zeichen Jungfrau = 150°–180°; 7. Zeichen Waage = 180°–210°; 8. Zeichen Skorpion = 210°–240°; 9. Zeichen Schütze = 240°–270°; 10. Zeichen Steinbock = 270°–300°; 11. Zeichen Wassermann = 300°–330°; 12. Zeichen Fische = 330°–360° am Tierkreis gemessen. Infolge der Schwankung oder Präzession der Erdachse fallen allerdings Tierkreisbilder und Tierkreiszeichen nicht mehr zusammen; man spricht von der Inkongruenz der Sternbilder. Die Bilder haben sich in den letzten 2500 Jahren um praktisch eine Einheit verschoben. Man hat berechnet, daß die Erdachse in ca. 25.800 Jahren einen Kreis um den Pol der Ekliptik (durch die Sternbilder Kleiner Bär, Kepheus, Schwan, Leier, Herkules und Drachen) beschreibt. Dieses Präzession genannte Phänomen ist eine Folge der Gravitationswirkung von Sonne und Mond auf den massereichen Äquatorwulst der Erde, die versucht, die Erdachse senkrecht zur Ekliptik zu stellen. Wegen der Präzession rückt der Frühlingspunkt im Jahr um 50″ vor. In der Astrologie spielen aber nur die Tierkreiszeichen eine Rolle.

Man wird wohl kaum das Geheimnis lüften können, wie die Sternbilder zu ihren charakteristischen Eigenschaften gekommen sind. Wann haben Astrologen begonnen, die Zwillinge mit Lebhaftigkeit und Vielseitigkeit, den Widder mit Mut und Eigensucht, die Waage mit Charme und Ungezwungenheit in Verbindung zu bringen? Die Verbindungen zu Planeten sind leichter begreifbar. Die strahlende Sonne kann leicht als Symbol für Herrschertum und Adel begriffen werden, ebenso kann die Verknüpfung des Mondes mit Mutterschaft auf dessen Einfluß auf die weibliche Periode und auf das weibliche Element Wasser zurückgeführt werden. Der rötliche Mars mag die Assoziation zu Kampf und Aggression geweckt haben, die stetig klar leuchtende Venus die Verbindung zu Schönheit und Liebe nahegelegt haben. Die Verbindungen von Tierkreiszeichen und Planeten mögen empirisch entstanden sein. Es mag im Verlauf von Jahrhunderten ersichtlich geworden sein, daß sich Menschen mehr verliebten, wenn Venus den Himmel beherrschte, oder daß sie mehr aktiv und aggressiv waren, wenn Mars aktiv war, und so fort. Waren einmal Zeichen und Planeten fixiert, der Tierkreis entworfen und ein zuverlässiger Kalender erfunden, war die letzte wichtige Zutat eines Horoskopes gegeben.

Horoskop – abgeleitet vom griechischen Wort hora = Stunde und skopein = schauen – bedeutet wörtlich die Beobachtung des Punktes des Tierkreises, der im Geburtsmonat gerade am Osthorizont aufgeht. In dieser ursprünglichen Bedeutung wurde der Begriff Horoskop später durch „Aszendent" ersetzt. Man benötigte diesen Punkt zur Konstruktion der Himmelskarte und ihrer Interpretation. Nach der alten Omen-Astrologie und der primitiven Tierkreis-Astrologie ist die Horoskop-Astrologie der dritte und bis heute gepflegte Typus der Astrologie; er wurde vom fünften vorchristlichen Jahrhundert an entwickelt.

Im 3. Jahrhundert v. Chr. wurde das in Mesopotamien entwickelte und von den Griechen übernommene Tierkreissystem in Ägypten mit dem Dekan-System verschmolzen. Die Dekane waren ursprünglich in der babylonischen Astrologie

36 Sterne oder Sterngruppen, die über den Tierkreis verteilt waren und als Zeitsterne zur Zeitbestimmung dienen konnten. Jedem Tierkreiszeichen wurden drei Dekane zugeteilt, die Abschnitte von jeweils 10° Länge darstellten. Die Dekane wurden in Ägypten als Götter dargestellt, die 10°-Streifen als Sitz göttlicher Kräfte aufgefaßt, während das Wissen um die Zeitsterne verlorenging.

Relativ früh wurde dem zwölfteiligen Tierkreis ein in entgegengesetzter Richtung laufendes System, das Häusersystem, überlagert. Unter Haus versteht man jenes Tierkreiszeichen, das einem Planeten zugeordnet ist; Sonne und Mond besitzen nur ein Haus, nämlich die Sonne ein Taghaus und der Mond ein Nachthaus. Die fünf klassischen Planeten haben sowohl ein Tag- als auch ein Nachthaus. In seinem Haus hat der Planet eine „Erhöhung", eine erhöhte Stärke, in der er seine Macht voll entfaltet. Das Häusersystem stellt die Verbindung zwischen den Einzelindividuen und dem Kosmos her, in dem die zwölf Häuser zwölf Lebensbereiche des Menschen repräsentieren, in denen sich die Kräfte der Planeten auswirken können.

Die klassische Astrologie kennt folgende Grundstruktur des Tierkreises:

Widder (aries): Der Widder ist das erste Zeichen des Zodiakos; es entspricht dem ersten Frühlingsmonat. Die Sonne geht durch das Zeichen zwischen 21. März und 20. April. Die Sonne ist im Widder erhöht, Mars hat hier sein Haus. Seit der Zeit der hellenistischen Astrologie sind Sonne und Venus die zugeordneten Dekane. Der Widder gilt als Feuerzeichen, männlich, positiv (aktiv) und ein kardinales Zeichen.

Stier (taurus): Der Stier ist das zweite Zeichen des Tierkreises und entspricht dem zweiten Frühlingsmonat; die Sonne passiert das Zeichen zwischen 21. April und 20. Mai. Der Mond ist im Stier erhöht, Venus hat hier ihr Haus. Seit der hellenistischen Astrologie sind Merkur, Mond und Saturn die zugeordneten Dekane. Der Stier ist ein Erdzeichen, weiblich, negativ (passiv) und ein festes Zeichen.

Zwillinge (gemini): Die Zwillinge sind das dritte Zeichen des Tierkreises; es entspricht dem letzten Frühlingsmonat. Die Sonne passiert das Zeichen zwischen 21. Mai und 21. Juni. Merkur hat hier sein Haus. Jupiter, Mars und Sonne sind seit der hellenistischen Astrologie die zugeordneten Dekane. Die Zwillinge sind ein Luftzeichen, männlich, positiv (aktiv) und ein bewegliches Zeichen.

Krebs (cancer): Der Krebs ist das vierte Zeichen des Zodiakos und entspricht dem ersten Sommermonat. Die Sonne passiert das Zeichen zwischen 22. Juni und 22. Juli. Jupiter ist im Krebs erhöht, der Mond hat hier sein Haus. Seit der hellenistischen Astrologie sind Venus, Merkur und Mond die zugeordneten Dekane. Der Krebs ist ein Wasserzeichen, weiblich, negativ (passiv) und ein kardinales Zeichen.

Löwe (leo): Der Löwe ist das fünfte Zeichen des Tierkreises und entspricht dem zweiten Sommermonat. Die Sonne passiert das Zeichen zwischen dem 23. Juli und dem 22. August. Die Sonne hat hier ihr Haus; Saturn, Jupiter und Mars sind seit der hellenistischen Astrologie die zugeordneten Dekane. Der Löwe ist ein Feuerzeichen, männlich, positiv (aktiv) und ein festes Zeichen.

Jungfrau (virgo): Die Jungfrau ist das sechste Zeichen des Tierkreises und entspricht dem letzten Sommermonat. Die Sonne passiert das Zeichen zwischen 23. August und 22. September. Merkur ist in der Jungfrau erhöht, Merkur hat hier auch sein Haus. Seit der hellenistischen Astrologie sind Sonne, Venus und Merkur die zugeordneten Dekane. Die Jungfrau ist ein Erdzeichen, weiblich, negativ (passiv) und ein bewegliches Zeichen.

Waage (libra): Die Waage ist das siebente Zeichen des Tierkreises und entspricht dem ersten Herbstmonat. Die Sonne geht durch das Zeichen zwischen 23. September und 22. Oktober. Saturn ist in der Waage erhöht; Venus hat hier ihr Haus. Seit der hellenistischen Astrologie sind Mond, Saturn und Jupiter die zugeordneten Dekane. Die Waage ist ein Luftzeichen, männlich, positiv (aktiv) und ein kardinales Zeichen.

Skorpion (scorpius): Der Skorpion ist das achte Zeichen des Zodiakos; es entspricht dem zweiten Herbstmonat. Die Sonne passiert das Zeichen zwischen 23. Oktober und 21. November. Mars hat hier sein Haus; Mars, Sonne und Venus sind seit der hellenistischen Astrologie die zugeordneten Dekane. Der Skorpion ist ein Wasserzeichen, weiblich, negativ (passiv) und ein festes Zeichen.

Schütze (sagittarius): Der Schütze ist das neunte Zeichen des Tierkreises und entspricht dem letzten Herbstmonat. Die Sonne geht durch das Zeichen zwischen 22. November und 20. Dezember. Jupiter hat hier sein Haus; Merkur, Mond und Saturn sind seit der hellenistischen Astrologie die zugeordneten Dekane. Der Schütze ist ein Feuerzeichen, männlich, positiv (aktiv) und ein bewegliches Zeichen.

Steinbock (capricornus): Der Steinbock ist das zehnte Zeichen des Zodiakos; es entspricht dem ersten Wintermonat. Die Sonne passiert das Zeichen zwischen 21. Dezember und 19. Januar. Mars ist im Steinbock erhöht; Saturn hat hier sein Haus. Seit der hellenistischen Astrologie sind Jupiter, Mars und Sonne die zugeordneten Dekane. Der Steinbock ist ein Erdzeichen, weiblich, negativ (passiv) und ein kardinales Zeichen.

Wassermann (aquarius): Der Wassermann ist das elfte Zeichen des Tierkreises und entspricht dem zweiten Wintermonat. Die Sonne passiert das Zeichen zwischen 20. Januar und 18. Februar. Saturn hat hier sein Haus. Seit der hellenistischen Astrologie sind Venus, Merkur und Mond die zugeordneten Dekane. Der Wassermann ist ein Luftzeichen, männlich, positiv (aktiv) und ein festes Zeichen.

Fische (pisces): Die Fische sind das zwölfte Zeichen des Tierkreises und entsprechen dem dritten Wintermonat. Die Sonne passiert das Zeichen zwischen 18. Februar und 20. März. Die Venus ist in den Fischen erhöht; Jupiter hat hier sein Haus. Seit der hellenistischen Astrologie sind Saturn, Jupiter und Mars die zugeordneten Dekane. Die Fische sind ein Wasserzeichen, weiblich, negativ (passiv) und ein bewegliches Zeichen.

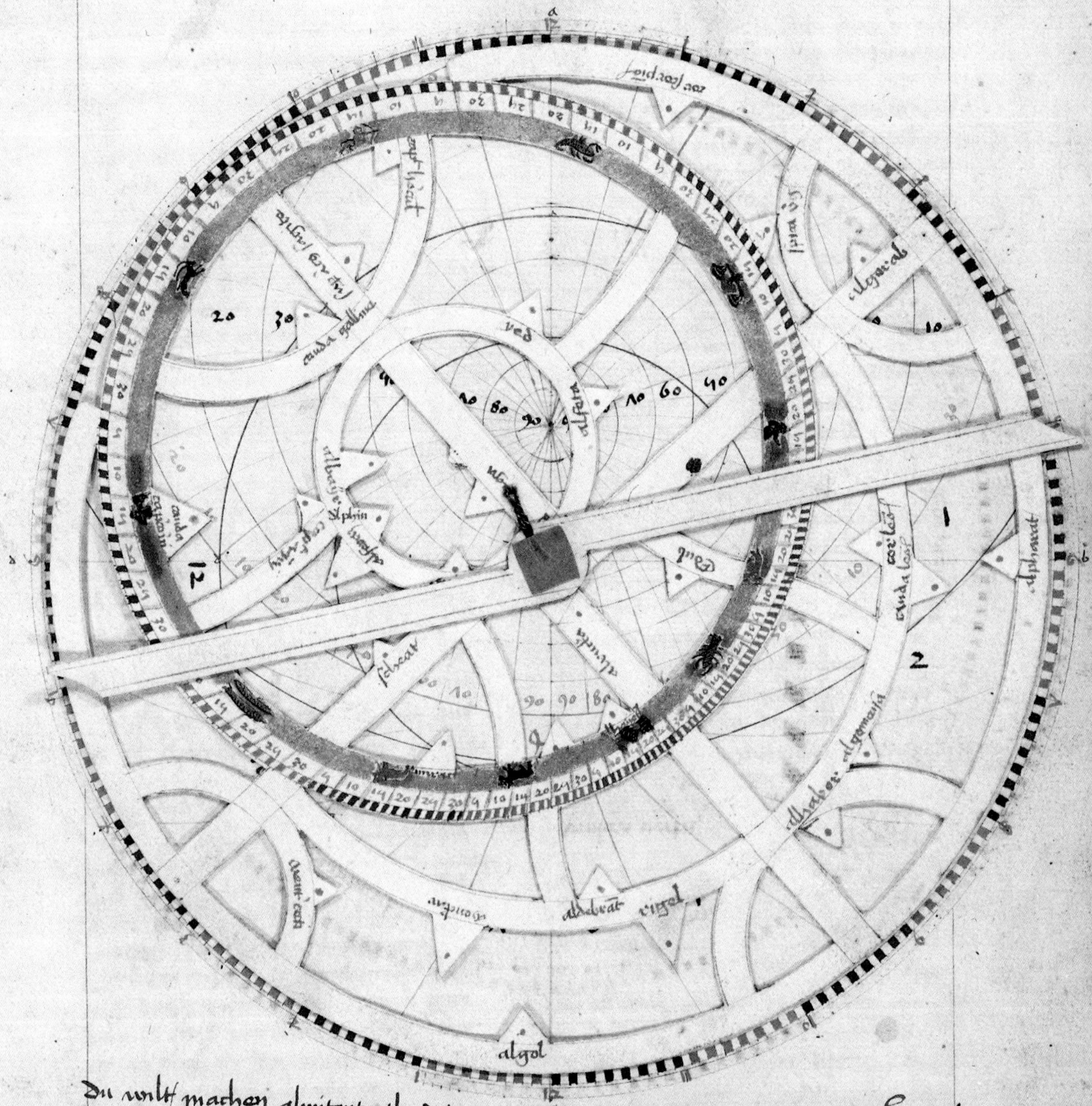

Du wilt machen almintantrath die auff gent vnd vnd'gent allerstern so zel
von dem b gen dem a 48 grad da leg das linial auff vnd auff das e
vnd wa das linial den tirckel aries abschneitt da mach ain puncten dar
nach zel vō dem a gen dem d 48 grad vnd leg das linial auff vnd auff
das cent' e vnd wa es aries zirckel abschneit da mach ain punckten
dar nach zel vō dem d gen dem c 48 grad vnd leg das linial auff
vnd auff den cent' e vnd wa dz linial den tirckel aries abschneit da mach

Taf. 49

Astrolab in einer Handschrift.

Astronomisches Handbuch (deutsch), 1480.
Wien, Österreichische Nationalbibliothek, Cod. 3055, fol. 3r.

Mit dem Astrolabium (griechisch, wörtlich „Sterngreifer"), einem astronomischen Meß- und Beobachtungsgerät, konnten die Position von Sternen fixiert, Auf- und Untergänge von Sternen berechnet und Zeit- und Ortsbestimmungen vorgenommen werden. Das bereits den alexandrinischen Astronomen bekannte und bis ins 17. Jahrhundert viel benützte Instrument bestand aus einer Scheibe, die auf der einen Seite ein bewegliches Lineal mit Visiervorrichtung besaß, während die andere Seite die Darstellung der Himmelskugel in stereographischer Projektion enthielt. Auf der ersten Scheibe lag eine zweite, ausgeschnittene Scheibe, die „Arachne" (= Spinne), mit Angabe des Horizonts, des Zenits und anderer Daten für eine gegebene Breite, beweglich angebracht, deren Drehung die tägliche Rotation der Himmelskugel imitierte. Es gab im Mittelalter kunstvoll verzierte Astrolabien aus Metall oder Elfenbein. In astronomischen Handbüchern konnten auch aus Papier angefertigte Instrumente eingelegt werden. Die vorliegende süddeutsche Handschrift aus der Zeit um 1480 enthält Traktate über die Sphären, das Astrolabium und die Berechnung der Mondeklipse.

Taf. 50

Drei messende Astronomen.

Miniatur aus dem Psalter der Blanca von Kastilien. Paris, um 1220.
Paris, Bibliothèque de l'Arsenal, Ms. 1186.

Im Psalter der Blanca von Kastilien, der Mutter König Ludwigs des Heiligen von Frankreich, ist ein Blatt am Beginn des Kalenders eingesetzt, das drei Astronomen an der Arbeit zeigt. Der mittlere der drei Männer hält ein Astrolabium gegen den gestirnten Himmel; ein anderer berechnet die abgelesenen Daten, ein dritter zeichnet sie auf. Da das Astrolabium dem Westen wieder durch die Araber vermittelt wurde, steht gewiß hinter dem Bild der arabische Einfluß in Paris. Zugleich kündet die Miniatur vom gewachsenen naturwissenschaftlichen Interesse der Epoche; innerhalb eines Psalters ist eine derartige Minatur jedenfalls singulär.

Der Rhythmus des Lebens

Die Welt der Sterne bestimmt den Rhythmus des Lebens: Tag und Nacht, die Phasen des Mondes, der Wechsel der Jahreszeiten und der Kreislauf der Monate des Jahres sind die Festpunkte im Ablauf des irdischen Geschehens. Es ist leicht zu verstehen, daß nach dem Erreichen eines höheren kulturellen Niveaus dem Kalenderwesen erhöhte Bedeutung zukam. Der Kalender des Mittelalters unterschied sich in seiner Komplexität wesentlich von jenem der Neuzeit. Vor dessen Beschreibung sei kurz auf die astronomischen Grundlagen hingewiesen. Wie heute erkannt ist, bewegt sich die Erde auf einer annähernd elliptischen Bahn um die Sonne, die in einem der Brennpunkte der Ellipse steht, und sie rotiert gleichzeitig um ihre eigene Achse, die gegen die Umlaufbahn geneigt ist. Für den irdischen Beobachter scheint sich daher die Sonne von Ost nach West um die Erde zu drehen und im gleichen Sinn der Fixsternhimmel zu bewegen. Die scheinbare Bahn der Sonne um die Erde ist die Ekliptik. Sie schneidet die Äquatorialebene unter einem Winkel von derzeit 23° 27′ an zwei Punkten, dem Frühlings- und dem Herbstäquinoktialpunkt; daher ist am 21. März und am 23. September Tagundnachtgleiche. Hat die Sonne jeweils den weitesten Abstand vom Äquator, erlebt die nördliche Erdhalbkugel am 21. Juni den längsten und am 23. Dezember den kürzesten Tag. Die astronomischen Jahreszeiten sind ungleich lang; der Frühling dauert 93, der Sommer 93, der Herbst 91, der Winter 88 Tage. Nach den Keplerschen Gesetzen bewegt sich die Erde ja in größter Sonnennähe am schnellsten und in größter Sonnenferne am langsamsten. Die Einteilung der Sonnenbahn in zwölf gleich lange Abschnitte, den Tierkreis, schuf das Bezugssystem für die Festlegung der Bewegung des Mondes und der Planeten. Ein „tropisches" Jahr ist verflossen, wenn die Sonne auf ihrer scheinbaren Bahn wieder denselben Punkt erreicht; dieses Sonnenjahr umfaßt 365 Tage, 5 Stunden, 48 Minuten und 46 Sekunden. Das auf die Fixsterne bezogene sogenannte siderische oder Sternjahr wird durch den Durchlauf der Sonne auf der Ekliptik wieder zum selben Fixstern gebildet; es mißt 365 Tage, 6 Stunden, 9 Minuten und 9,8 Sekunden, ist also um 20 Minuten und 23,8 Sekunden länger als das tropische Jahr.

Kalendarische Einheit ist der Sonnentag. Freilich differiert er zum Sternentag von 24 Stunden dadurch, daß er sich täglich um 3 Minuten, 56 Sekunden verspätet und sich daher der Aufgang der Sterne ebenso verfrüht.

Seit aller Vorzeit hat auch der Mond große Bedeutung für die Zeitbestimmung erlangt. Die Umlaufzeit des Mondes von Neumond zu Neumond beträgt 29 Tage, 12 Stunden, 44 Minuten und 2,9 Sekunden. Die Länge eines Mondjahres aus zwölf synodischen Monaten beträgt daher 354 Tage, 8 Stunden, 48 Minuten und 36 Sekunden. Da der Mond täglich gegen die Sonne zurückbleibt, tritt er täglich in die Nähe anderer Sterne, bis er nach 27 Tagen, 7 Stunden, 43 Minuten und 11 Sekunden – einem

„siderischen Monat" – wieder mit demselben Stern kulminiert. Ein Mondtag, gebildet durch die tägliche scheinbare Umlaufzeit zwischen zwei Kulminationen im Ortsmeridian, beträgt 24 Stunden, 50 Minuten und 28 Sekunden. Zur praktischen Zeitmessung haben fast alle Völker den synodischen Monat benützt. Im Mittelmeerraum haben die Völker des babylonischen Kulturkreises, die Griechen und anfangs auch die Römer den Kalender nach dem Mond ausgerichtet.

Die ursprünglichste Zeiterfahrung des Menschen ist der Wechsel von Tag und Nacht. Der moderne „Volltag" von 24 Stunden ist aber erst das Ergebnis einer langen Entwicklung. Die antiken Völker verstanden unter Tag die Zeit von Sonnenaufgang bis Sonnenuntergang; die Nacht konnte dem vorangegangenen wie dem folgenden Tag zugeschlagen werden. Während die Ägypter den Volltag mit Sonnenaufgang begannen, setzten die anderen Völker mit Mondkalendern den Tagesbeginn in die Abenddämmerung. Daher beginnen auch die Feste am Vorabend. Der Sabbat der Juden fängt am Freitag dreiviertel Stunden vor Nacht an, das Pessahfest am 14. Nisan abends; die Christen begehen Vigilfeiern an den Abenden vor den Hochfesten. Die Tageszeit wurde ursprünglich nach Vorgängen des täglichen Lebens eingeteilt, die Nacht in „Wachen" (vigiliae). Erst seit hellenistischer Zeit hat sich die regelrechte Einteilung des Tages in Stunden durchgesetzt. Die moderne Stunde ist äquinoktial; denn zur Tagundnachtgleiche sind die Temporalstunden 60 Minuten lang. Die Tageseinteilung in 24 Stunden zu je 60 Minuten vereint ägyptische und babylonische Elemente: die 24 Stunden entsprechen den 24 Stunden der Ägypter bzw. den zwölf Doppelstunden der Babylonier, die 60 Minuten den zweimal 30 Unterteilungen einer babylonischen Doppelstunde. Die Gleichstunde wurde im Mittelalter allerdings erst angenommen, als die Schlaguhren an Stadt- und Kirchtürmen feste Zeiten angaben. Ältere Einteilungen orientierten sich an den Gebetsstunden des kirchlichen Stundengebetes: der Prim, der Terz, der Sext, der Non, der Vesper und der Komplet.

Der Kalendertag (dies civilis) fiel bei den Ägyptern und im Mittelalter mit dem Volltag des bürgerlichen Lebens von Morgen zu Morgen zusammen; Babylonier und Griechen nahmen ihn von einem Sonnenuntergang zum anderen an. Rätselhaft erschien es bereits antiken Chronologen, daß die Römer den Kalendertag mit Mitternacht beginnen ließen, wo sie doch ihre Temporalstunden vom Sonnenaufgang zählten; denn die zwölf Tagesstunden liefen von 6 Uhr früh bis 6 Uhr abends; die Nacht hatte vier „Wachen" (vigiliae) zu je drei Stunden.

Den Beginn des Monats zeigte das Neulicht an, die erste sichtbare schmale Mondsichel nach dem Neumond. Freilich gab es hier Ungleichmäßigkeiten wegen wenig exakter Beobachtung. Die Griechen stellten empirisch zwei Lunationen mit 59 Tagen fest und rundeten daher die Monate auf 29½ Tage ab, die sie abwechselnd als „volle" zu 30 Tagen und als „hohle" zu 29 Tagen ablaufen ließen. Die Römer haben relativ früh das synodische Mondjahr aufgegeben. Doch ist der römische Kalender offenbar von einem Mondjahr ausgegangen, worauf noch die Zählung der Monatstage nach Kalenden, Nonen und Iden herrührt. Der römische Monatserste, die Kalenden, war ursprünglich der Tag des Neulichtes; die Nonen bezeichneten ursprünglich das erste Mondviertel, die Iden den Vollmond. Schon im vorjulianischen Kalender Roms fielen die Nonen in den Monaten mit 29 Tagen (Januarius, Aprilis, Junius, Sextilis, September, November, December) und im Februar mit 28 Tagen auf den fünften Tag, die Iden auf 13. Tag; in den Monaten mit 31 Tagen (Martius, Maius, Quintilis, October) fielen die Nonen auf den 7. Tag, die Iden auf den 15. des Monats. Von den Stichtagen rückwärtsrechnend bestimmte man die Tage; z. B. pridie Idus Martias = 14. März; ante diem tertium Idus Martias = 13. März. Die Reform Cäsars brachte den Julianischen Kalender hervor, der das ganze Mittelalter über galt und der die Dauer der Monate in der noch heute üblichen Länge festlegte. Im europäischen Mittelalter ist die römische Datierungsweise üblich geworden. So bedeutet etwa „decimo Kalendas Julii" den 22. Juni. Hingegen bedeutet „XIII.Kal.Ian.MDI" den 20. Dezember 1501, nicht 1500! Von Norditalien an verbreitete sich die Vorwärtszählung der Monatstage bis zur Monatsmitte, verbunden mit der alten Rückwärtszählung für die zweite Monatshälfte (sogenannte Consuetudo Bononiensis).

Eine sehr häufige Bezeichnung der Tage im Mittelalter war die Benennung nach Festen des Kirchenjahres und nach Heiligenfesten, wobei auch die Tage davor und darnach gezählt werden konnten. Diese Sitte begegnet früh im süddeutschen Raum und verbreitete sich rasch ab dem 13. Jahrhundert.

Die römischen Monatsnamen sind nicht von den Festtagen des römischen Kalenders ausgegangen. Die Monate Quintilis bis December waren der fünfte bis zehnte Monat eines altertümlichen römischen Jahres. Unter Kaiser Augustus wurden Quintilis zu Julius und Sextilis zu Augustus umbenannt. Den Jahresbeginn machte der März nicht nur in Rom, sondern im Mittelalter noch an vielen Orten. Die europäische Woche mit sieben Tagen ist zunächst unmittelbar jüdischer Herkunft, da Gott die Welt in sechs Tagen geschaffen und am siebenten Tag geruht hatte. Das Urchristentum verlegte den Feiertag vom Sabbat auf den folgenden Tag, „den ersten Tag der Woche", an dem der Herr auferstanden war. So beginnt die christliche Woche mit einem Feiertag, dem Sonntag, und endet mit einem Werktag. Die Kirche zählte die Tage der Woche: nach der „dominica", dem „Herrentag", folgen feria secunda = Montag, feria tertia = Dienstag, feria quarta = Mittwoch, feria quinta = Donnerstag, feria sexta = Freitag, sabbato = Samstag. Analog kennt die griechische Kirche die Reihenfolge kyriake, deutera, trite, tetarte, pempte, für den Freitag paraskeue = Rüsttag, zuletzt sabbato. Wohl durch den Einfluß des Martinus von Bracara († 580), der eifrig gegen alles Heidnische ankämpfte, dürfte es zu erklären sein, daß von allen romanischen Sprachen das Portugiesische die Wochentagsnamen nicht nach den alten Göttern benennt, sondern nach altchristlicher Weise durchzählt: segunda-feira, terça-feira, quarta-feira, quinta-feira, sexta-feira, sábado, domingo. Die Slawen übernahmen die Wochentage von den orthodoxen Kirchen, begannen aber die Zählung mit dem Montag; ähnlich verfuhren auch die Ungarn. Im Westen wurden die Namen der sieben Planetengötter Luna, Mars, Mercurius, Iupiter, Venus, Saturnus und Sol übernommen. So gesehen, hat die westeuropäische Woche ihren zweiten Ursprung in der astrologischen Planetenwoche der römischen Kaiserzeit, als jedem Tag ein Regent beigesellt wurde, jenes Gestirn, dem die erste Tagesstunde nach Mitternacht gewidmet war. Die astrologische Woche, die auf hellenistisch-chaldäischen Traditionen beruhte, war bereits unter Kaiser Augustus in Italien verbreitet und herrschte im 3. Jahrhundert im ganzen Römischen Reich. Die Hochschätzung des Sonnenkultes und die christliche Tradition waren im Spiel, als Kaiser Konstantin I. 321 den Sonntag als Feiertag mit Arbeitsruhe anordnete; damit war die Planetenwoche staatlich anerkannt. Der Kampf der Kirche gegen heidnische Wochentagsnamen hatte wenig Erfolg; zwar wurde vielfach der Sonntag zum „Herrentag" und der Saturntag zum „Sabbat", doch von Montag bis Freitag blieben bei den romanischen Völkern die alten Planetennamen gewahrt. Als die Planetenwoche schon vor der Christianisierung zu den Germanen gelangt war, wurden an die Stelle der römischen Götter äquivalente einheimische Götter gesetzt: Mars – Thiu, Merkur – Odin, Jupiter – Donar, Venus – Freya.

Schaltjahreszyklen entwickelten sich, als man Sonnen- und Mondjahr in ein festes Verhältnis bringen mußte. Das altrömische Jahr eilte mit 355 Tagen dem Sonnenjahr voran. Julius Caesar schaffte daher 46 v. Chr. den altrömischen Kalender ab. Der Julianische Kalender ging vom ägyptischen Jahr, verbessert auf 365¼ Tage, aus; daher regulierte Caesar den Ablauf derart, daß auf drei Gemeinjahre zu 365 Tagen ein Schaltjahr zu 366 Tagen folgte.

Eine römische Steuerfrist war die Indiktion, die „Ansage" einer Steuerauflage. Diokletian machte die Indiktion zur regelmäßigen Einrichtung, indem er jeweils für fünf Jahre die Steuerbelastung im voraus festlegte. Konstantin I. wandelte diese Ansagepraxis in einen 15jährigen Indiktionszyklus um. Justinian I. schrieb die Zählung nach Indiktionen 537 gesetzlich fest. Numeriert wurden die Jahre innerhalb des Zyklus. „Indiktionen" als Jahre des Zyklus rechnete man allerdings von verschiedenen Terminen im Jahre ab: die Byzantiner ab 1. September, ebenso (bis 1087) die päpstliche Kanzlei, Beda und die Karolinger ab 24. September, italienische Städte wieder anders. Ab der Mitte des 14. Jahrhunderts setzte sich in Deutschland mehrheitlich die römische Indiktion (ab 25. 12. oder 1. 1.) durch. Als „Römerzinszahl" blieb die Indiktion bis 1806 im Deutschen Reich lebendig.

Der Julianische Kalender wurde für das gesamte Mittelalter verbindlich. Allerdings gab es eine Vielzahl verschiedener Neujahrsanfänge. Der 1. September wurde etwa zum Neujahrstag in Byzanz und galt in Süditalien teilweise bis ins 16. Jahrhundert. Im Westen haben sich fünf Jahresanfangsstile entwickelt. Der „Weihnachtsstil" (25. Dezember) herrschte in Rom bis ins 10. Jahrhundert, in der Kanzlei der deutschen und französischen Karolinger, in Mailand, Genua, Lucca, Padua, in zahlreichen Erzbistümern Deutschlands, in Prag, in Ungarn, in Teilen der Schweiz und in England bis ins 11. Jahrhundert. Der „Annunziatenstil" (25. März, Mariä Verkündigung) kam in Frankreich unter den ersten Kapetingern (seit 987) auf, später in England (bis 1752) und unter normannischem Einfluß in Süditalien. Spanien und Portugal rechneten im Annunziatenstil bis ins 15. Jahrhundert. Einen „Osterstil" benützte Köln ab 1227 auf ein Jahrhundert lang; als „stilus Gallicus" wurde er seit Philipp I. von Frankreich (1060–1108) üblich. Der Jahresbeginn zum 1. März hat sich aus dem Konnex mit der Osterfestberechnung und dem vorkarolingischen „Märzfeld" entwickelt. Er war in der fränkischen Königskanzlei unter den Merowingern in Gebrauch, dann in Rußland nach der Christianisierung, zuletzt in Venedig (bis 1797). Der Jahresbeginn mit 1. Januar entsprach dem christlichen „Circumcisionsstil" (1. 1. = Beschneidung des Herrn); allerdings hat sich dieser Stil relativ spät durchgesetzt. Ab dem 13. Jahrhundert begann er, in Deutschland um sich zu greifen, wurde aber erst im 16. Jahrhundert allgemein.

Für die christliche Zeitrechnung war die Berechnung des Osterfestes ein zentrales Anliegen. Nach jüdischer Sitte begann das Pessahfest am 14. Nisan. Judenchristliche Traditionen lebten in der alten Kirche noch länger fort. Die alexandrinische und römische Kirche feierte Ostern hingegen beweglich an einem Sonntag, dem ersten Sonntag nach der „luna quartadecima", dem Frühlingsvollmond. Man bedurfte also der Sonne, um den Wochentag, und des Mondes, um den Frühlingsvollmond festzustellen. Der ägyptische Mönch Anianos kombinierte den 235monatigen Mondzirkel, nach dessen Ablauf die Mondphasen wieder auf dieselben Monatstage fallen, mit dem 28jährigen Sonnenzirkel, nach dessen Ablauf die einzelnen Wochentage wieder auf dieselben Monatstage treffen. Das Resultat war ein 532jähriger Zyklus, der erste vollständige Osterzyklus, nach dessen Ablauf der Frühlingsvollmond wieder auf denselben Wochen- und Monatstag zurückkehren sollte. Dionysius Exiguus schuf in Rom im 6. Jahrhundert eine neue Ostertafel. Seitdem gilt der 22. März als frühester und der 25. April als spätester Ostersonntagstermin für die lateinische Kirche. Die Ostertafel des Dionysius enthielt in acht Spalten die Jahre nach Christi Geburt, die Indiktionszahl, die Epakte, die Konkurrententage, den Mondzirkel, den Ostervollmond, das Osterdatum und das Mondalter des Ostersonntags. Dionysius hatte auch an Stelle der alexandrinischen Diokletiansära (ab 284 n. Chr.) die Jahre „Ab Christi Geburt" eingeführt und ist daher der Schöpfer der modernen christlichen Zeitrechnung. Der Zyklus des Dionysius bot dem Mittelalter bis 1582 die Basis der Osterfestberechnung.

In mittelalterlichen Kalendern scheint auch der „Sonntagsbuchstabe" auf. Man bezeichnete die 365 Tage des Jahres derart mit je einem der sieben Buchstaben A bis G, daß man, vom 1. Januar mit A beginnend, den zweiten mit B, den dritten mit C und so fort bis zum siebenten mit G, den achten wieder mit A bezeichnete. Derjenige der sieben Buchstaben, auf den der erste Sonntag des Jahres fällt, ist der Sonntagsbuchstabe des betreffenden Jahres; alle Tage, auf die der jeweilige Jahresbuchstabe trifft, sind Sonntage. Im Schaltjahr benötigte man zwei Sonntagsbuchstaben, deren erster bis 24. 2., deren zweiter ab 25. 2. gilt.

Der Sonnenzyklus (cyclus solaris) durchläuft in periodischer Wiederkehr die gesamte Zeitrechnung. Der Zweck ist die Herstellung einer Jahresreihe, in der in den mit denselben Zahlen bezeichneten Jahren aller Reihen die Wochentage auf dieselben Monatsdaten fallen. Da das Gemeinjahr 52 Wochen und einen Tag umfaßt, verschiebt sich der Anfang eines jeden neuen Jahres gegen das Vorjahr um einen Tag. Auf Grund der Notwendigkeit von Schaltjahren kann das alte Verhältnis von Wochentagen und Monatsdaten erst nach Verlauf einer Reihe von 4 x 7 = 28 Jahren wiederkehren. Die Jahre einer solchen Reihe des Sonnenzyklus werden mit den Zahlen von 1 bis 28 bezeichnet. Diesen Zyklus verband man mit der christlichen Zeitrechnung derart, daß ein mit einem Montag beginnendes Schaltjahr das erste Jahr des Zyklus wurde; dies war das Jahr 9 v. Chr. Fragt man daher, welche Zahl des Sonnenzyklus einem konkreten Jahr zukommt, addiere man 9 zur gegebenen Jahreszahl, dividiere die Summe durch 28, und der Rest, oder in Ermangelung eines Restes 28 selbst, ist die gesuchte Zahl des Sonnenzyklus.

Die Konkurrenten (concurrentes), auch Sonnenepakten genannt, bestehen aus den Zahlen von 1 bis 7; sie haben den Zweck, den Wochentag des 24. März in Zahlen derart auszudrücken, daß der Sonntag durch 1, der Montag durch 2 und so fort, der Samstag durch 7 bezeichnet wird. Da der 24. März den Tagesbuchstaben F im Kalender hat, beim Jahressonntagsbuchstaben F also auf einen Sonntag fällt, stehen die Konkurrenten zu den Sonntagsbuchstaben im Verhältnis F/1, E/2, D/3, C/4, B/5, A/6, G/7. Ein Jahr mit Sonntagsbuchstaben F hat also am 24. März Sonntag (= 1), mit E Montag (= 2) und so fort. Den 28 Jahren des Sonnenzyklus entsprechen die Konkurrenten 1234, 6712, 4567, 2345, 7123, 5671, 3456.

Der Mondzyklus ist eine Reihe von 19 Jahren, die periodisch wiederkehrend die ganze Zeitrechnung durchläuft. Damit soll eine Jahresreihe gebildet werden, daß in den mit gleichen Zahlen bezeichneten Jahren aller Reihen die Mondphasen an denselben Monatsdaten eintreten. Die Verteilung der 235 Mondmonate auf die 19 Julianischen Jahre erfolgte derart, daß man zuerst, den 228 Sonnenmonaten analog, 228 Mondmonate (lunatio) abwechselnd zu 29 und 30 Tagen konstruierte und die verbleibenden sieben Monate als Schaltmonate (mensis embolimeus) zu je 30 Tagen bestimmten Jahren des Mondzyklus hinzufügte, diese also zu Mondschaltjahren machte. Den dabei in jedem Zyklus von 19 Jahren überschießenden Tag entfernte man durch das Einkürzen eines Tages in einem Monat des letzten Jahres des Zyklus; man nannte dies „saltus lunae", weil der Mond gleichsam einen Tag übersprang. Die fünf Schalttage der 19 Julianischen Jahre schob man als Mondschalttage in die Märzlunation des betreffenden Jahres ein.

Als Goldene Zahl (numerus aureus) werden die Zahlen des 19jährigen Mondzyklus benannt; das Jahr 1 hatte den Beginn der Jännerlunation am 24. Dezember des Vorjahres; dies trifft auf das Jahr 1 v. Chr. zu. Addiert man daher 1 zur gegebenen Jahreszahl, deren Goldene Zahl man sucht, und dividiert die Summe durch 19, so ist der Rest, oder in Ermangelung eines Restes 19, die Goldene Zahl des gegebenen Jahres.

Der Beginn des christlichen Jahres mit 25. Dezember war Ursache dafür, daß das Jahr 1 des 19jährigen Mondzyklus mit dem 24. Dezember davor begann. Auf den 23. Januar fiel also der erste Neumond des neuen Jahres, der des Februarmondes. Man trägt also, ab 23. Januar weiterzählend, die 235 Neumondtage des Zyklus Jahr für Jahr in einen mit Sonntagsbuchstaben versehenen Julianischen Kalender und notiert bei jedem Tag die Zahl des Mondzyklusjahres, in dem eine erste Phase, also der Anfangstag eines Mondmonats, an eben diesem Tag eintritt. Dergestalt erhält man ein Verzeichnis der zyklischen Neumonde des gesamten Mondzyklus und damit der gesamten Zeitrechnung, also einen „Immerwährenden Julianischen Kalender".

Lunarbuchstaben dienen zum Auffinden des Mondalters. Sie bestehen aus einem System von 59 Buchstaben, einen geraden und einen ungeraden Mondmonat umfassend, und werden mit den Buchstaben A – U, A. – U. und .A – .U dargestellt. In den dadurch gebildeten Tabellen kann das Mondalter jeden Tages abgelesen werden.

Als Epakten (epactae minores) bezeichnet man die Angaben des Mondalters eines bestimmten Tages. Beda Venerabilis († 735) wählte den 22. März als „sedes epactarum", den Tag nach dem Eintreffen der Frühlingstagundnachtgleiche. Da das Mondjahr von 354 Tagen um elf Tage kleiner ist als das Sonnenjahr von 365 Tagen, muß die Epakte eines Jahres um elf Einheiten größer sein als die des Vorjahres. Siebenmal im Zyklus werden 30 Einheiten als Betrag eines Schaltmondmonates abgezogen, im letzten Tag ein Tag als „saltus lunae" hinzugegeben, so daß der Zyklus am Ende von 18 auf 30 = 0 (nulla epacta) zurückkehrt.

Schlüsseltage (claves terminorum) dienten der leichteren Bestimmung des Osterfestes ohne Rekurs auf den Mondkalender. Man stellte eine Reihe von Zahlen (claves) auf, die den Abstand eines willkürlich angenommenen Tages (11. März) von der jeweiligen Ostergrenze bezeichneten. Die „Regulares paschae" sind ursprünglich die Tagesunterschiede des 24. März und der jeweiligen Ostergrenze gewesen.

Das Julianische Jahr entsprach nicht dem Wert des tropischen Jahres. In 19 Julianischen Jahren betrug der Überschuß 3 Stunden, 33 Minuten und 26 Sekunden. Die Differenzen häuften sich an, so daß man schon im 13. Jahrhundert das Abweichen des Kalenders von den Himmelsphänomenen beobachtete. Lange blieben alle Vorschläge zur Reform des Kalenders ohne Wirkung, bis erst Papst Gregor XIII. (1572–1585) die Reform energisch in Angriff nahm. Mit der Bulle „Inter gravissimas" vom 24. 2. 1582 ordnete er an, daß zehn Tage zu überspringen seien und der 15. Oktober auf den 4. Oktober zu folgen habe; dann solle ab 1600 in jedem vierten Säkularjahr (also wieder im Jahre 2000) die Schaltung ausfallen. Allerdings erfolgte die Annahme der Reform nur allmählich, zuerst in katholischen Ländern; Protestanten und Orthodoxe lehnten den Gregorianischen Kalender ab. Erst Friedrich II. von Preußen führte 1776 den Gregorianischen Kalender ein; England folgte 1753; in Schweden galt 1712 bis 1752 sogar wieder der Julianische Kalender. Erst das 19. und 20. Jahrhundert brachten eine weitgehende Angleichung der Kalender auf internationaler Ebene, wodurch das Mittelalter auf dem Gebiet des Kalenderwesens erst überwunden war.